MEIN DRAMALAMA UND ICH
Unterwegs im Sturm der Emotionen

MEIN DRAMALAMA UND ICH
Unterwegs im Sturm der Emotionen

Von Nina Egermann

Bibliografische Information der Deutschen Nationalbibliothek:
Die Deutsche Nationalbibliothek verzeichnet diese Publikation
in der Deutschen Nationalbibliografie; detaillierte
bibliografische Daten sind im Internet über dnb.dnb.de
abrufbar.

Herstellung und Verlag: BoD – Books on Demand, Norderstedt

ISBN 978-3-7578-2314-6

An meine Ahnen...

Ich achte und ich ehre Euch und Euer Schicksal.
Bitte schaut freundlich auf mich und segnet mich,
wenn ich ein Leben lebe, wovon Ihr noch nicht einmal
zu träumen gewagt habt.

Ich lebe es Euch zu Ehren.
Und ich mache etwas Großes daraus!

DANKE

KAPITEL

*Im Rahmen dieses kreativ-schöpferischen Prozesses behalte ich mir vor, auf verschiedene Weisen in diesem Buch zu gendern. Das kann mal mit * sein, mal nutze ich der besseren Lesbarkeit halber nur eine Form, manchmal die klassisch männliche und weibliche Form. Es mögen sich alle menschlichen Wesen in all ihren Ausdrucksformen angesprochen fühlen...*

EINLEITUNG

Es ist schon echt ver-rückt wie oft wir in Situationen kommen, in denen unser inneres DramaLama völlig austickt und nur noch hysterisch dramatisch reagieren kann, nachdem innerlich durch einen äußeren Reiz, die Tür dafür geöffnet wurde.

(Mit `DramaLama` bezeichne ich liebevoll unseren inneren emotional verletzten Kinderanteil, der sich manchmal in einer Überreaktion darstellt, um endlich von uns als Erwachsener die Aufmerksamkeit zu erhalten, die er als Kind von den Eltern nicht bekommen konnte.)

Wie schwierig ist es doch, in diesem Moment bewusst zu bleiben, und die Zügel bzw. die Verantwortung in die Hand zu nehmen, um das DramaLama auf eine andere Weide zu führen. Dort kann es sich satt essen und die nicht befriedigten Bedürfnisse stillen, anstatt in der Dramatik hängen zu bleiben. Ich habe mein DramaLama Coco getauft. Du wirst es später noch richtig gut kennen lernen...

Früher war ich immer der Meinung, ich wäre selbst dieses DramaLama und war meinen Reaktionen völlig hilflos ausgeliefert. Bis ich durch verschiedene Meditationstechniken und Selbsterfahrungsseminare meinen inneren Beobachter kennenlernte.

Es entstand also ein Raum dazwischen, der mir die Möglichkeit eröffnete zu entscheiden, ob ich auf mein DramaLama oder auf eine andere Weise reagieren möchte. Was natürlich die Reaktionen meiner Außenwelt signifikant verändern kann.
Wir sind dann nicht mehr die Sklaven unserer Emotionen. Ab dem Moment, in dem ich ein altes, gewohntes Muster verlasse und anders reagiere, verschalten sich die Synapsen im Gehirn neu, und die gewohnten Muster können sich verändern.

Wir alle kennen das im Verhalten von Kindern. Wenn sie in einem Drama gefangen sind, ist es manchmal nicht einfach, sie aus ihrem Film wieder herauszuholen. Das DramaLama hat voll und ganz Besitz von ihnen ergriffen. Hier kann man die sich auslebende ´Hysterie´ oder auch Identifikation mit der Emotion wunderbar beobachten.

Das Spannende hierbei ist, dass wir Erwachsenen in keinster Weise innerlich anders reagieren als im Kindesalter. Der einzige Unterschied ist, dass wir gelernt haben, unser Poker-Face, unsere Masken aufzusetzen, damit niemand im Außen auch nur auf die Idee kommen könnte, wie es gerade wirklich in uns aussieht.

Wir könnten ja abgelehnt und von der Gemeinschaft ausgeschlossen werden. Was übrigens - meiner Erfahrung nach - der größte Schmerzpunkt im tiefsten Kern eines Menschen ist.

Kinder können das – zum Glück – noch nicht kontrollieren, denn die Energie braucht einen Ausdruck, um sich nicht im Körper festsetzen zu müssen und Krankheiten entstehen zu lassen.

Eine schöne Übung wäre, während eines hysterischen Anfalls des inneren DramaLamas mal rein zu spüren, wie alt man sich gerade fühlt. Meist ist es das Alter eines Kindes und somit eine aktivierte Erinnerung aus der eigenen Kindheit. Das gefühlte Alter in diesem Drama-Moment könnte evtl. eine Möglichkeit sein, Zugang zu den traumatischen Erlebnissen zu bekommen, die wir bisher ganz tief in unserem Keller begraben haben. Das Unterdrücken der nicht gewollten Emotionen auf diese Weise bedingt eine Stagnation des Energieflusses. E-Motion bedeutet nichts anderes als Energie in Bewegung. Gehen wir jedoch in den Widerstand eine Emotion, eine sich bewegende Energie zu durchfühlen, dann kommt es zur Stagnation dieser Energiebewegung und damit zu einer energetischen Blockade, die wiederum weitere, damit verschaltete Zahnräder zum Stillstand bringt. Die Folge ist zuerst eine Störung auf energetischer Ebene, die sich – sollte sie länger bestehen bleiben – auch auf körperlicher Ebene auswirken kann.

Betrachtet man jetzt aus dieser Perspektive Menschen, die im Drama miteinander agieren, dann wird klar, dass sich in Wirklichkeit gerade zwei Kinder gegenüberstehen, die sich gegenseitig spiegeln, und die sich in ihrem Drama von damals verheddert haben. Sie bemerken es jedoch leider nicht, und alles von damals Erfahrene wird ins Jetzt und auf sein Gegenüber projiziert.

Wenn wir das Ganze mal aus einer sehr nüchternen oder *emotions-freien* Perspektive betrachten, dann ist jede Beziehung (ob innerhalb einer Familie, unter Freunden, unter Kollegen, in einer Partnerschaft, zu einem Tier oder zu seinem Chef, aber auch zu einem Projekt, einer Arbeit und in der Verbindung zu uns selbst) nicht selten nur auf der Ebene der Bedürfnisbefriedigung aufgebaut.

Wir ackern uns z.B. den Arsch ab, um endlich die Anerkennung zu erhalten, nach der wir uns schon immer gesehnt haben - was jedoch eine Projektion aus der Kindheit ins Heute ist. Eigentlich hechten wir immer noch der Anerkennung des Vaters oder der Mutter hinterher, von denen wir die Anerkennung nicht oder nur unzureichend erhalten haben.

Dieses Abackern könnte dann irgendwann möglicherweise in einem Burn-Out enden (interessant ist, dass dieses Syndrom mittlerweile 4,2% der deutschen Bevölkerung ausmacht). Unser Körper zwingt uns dann in die absolute Ruhe zu gehen, um uns endlich selbst die volle Aufmerksamkeit und Anerkennung zu schenken, damit diese alten Kinderwunden heilen können.

Sind dann die alten Wunden geheilt, verblassen die Reaktionen von „um zu". Stattdessen beginnt das eigentliche

Wirken, ohne sich dabei viel anstrengen zu müssen, und ganz viel Raum wird plötzlich dazwischen frei.

Ich z.B. hatte das Muster, alle Erwartungen von mir selbst und allen anderen im Außen erfüllen zu müssen, damit sie mir freundlich gestimmt sind und mich nicht ablehnen.
Wenn ich mich mal traute „nein" zu sagen, war die Reaktion meiner Mutter darauf z.B. sofort: „Jetzt hatte ich so einen schönen Tag, den Du mir jetzt mit Deiner Laune vermiest hast."

Und darauf folgte Ignoranz – Liebesentzug. Das war für mich als Kind sehr schmerzlich, und ich wollte das später nie mehr erfahren müssen. Also tat ich alles, um immer ein harmonisches Feld herzustellen. Dass das auf Dauer ganz schön anstrengend sein kann, kann sich vermutlich jeder vorstellen...

Wenn ich mich Stück für Stück weiter in meine innere Beobachterposition begebe und früh genug merke, dass mein altes Muster durch eine Situation re-aktiviert wird, habe ich die Möglichkeit zu wählen, ob ich nun wie früher reagiere, und mich dadurch wieder selbst ´verlasse´ und verbiege, oder ob ich ganz neu reagieren möchte. Alleine dieser entstandene innere Raum der Wahl macht frei und bei der Entscheidung, einen neuen Weg einzuschlagen, fühlt es sich plötzlich überhaupt nicht mehr anstrengend, sondern leicht an. Wir streifen dadurch das ab, was wir eigentlich gar nicht sind und werden authentischer, echter und entspannter. Ein wirklich wundervoller Zustand des Seins.

Dieses Buch ist kein theoretisches Fachbuch, sondern ein Teilen meiner inneren und darauffolgender äußeren Erfahrungen, um aufzuzeigen, dass wir NIEMALS ein ausgeliefertes Opfer von Umständen sind. Wir haben in jedem Moment die Wahl, ob wir durch die vertraute Drama-Lama-Opfer-Brille schauen oder eine neue Brille mit neuen Möglichkeiten ausprobieren wollen. Das hier Geschriebene könnte hier und da so wirken, als ob ich die Weisheit mit Löffeln gefressen hätte.

Nein, dem ist nicht so. Ich teile meine Sicht der Dinge aus meinen ureigenen Erfahrungen, die meine eigene Wahrheit über Jahrzehnte geformt haben. Mit Sicherheit wird sie nicht immer zu Deiner Wahrheit passen. Das jedoch war auch nicht mein Anspruch für dieses Buch. Es sollte als Austausch dienen und evtl. Möglichkeiten aufzeigen und dazu inspirieren, die eigenen Wahrheiten zu überprüfen. Illusionen werden uns erst dann bewusst, wenn wir einen Spiegel haben, in dem wir uns mit unseren Lebenssituationen wiedererkennen können.

Es empfiehlt sich, dieses Buch so zu lesen, als ob man selbst noch kein Wissen über die eigenen Bewusstseinsthemen hat. Dann ist der eigene Geist weit offen und kann die gelesenen Informationen am besten aufnehmen und diese für sich überprüfen, statt sie gleich vom hochmütigen Ego von vorneherein zerfetzen zu lassen, so dass es keine Chance auf Wandel gibt. Das wäre schade.

In meinen bisherigen 23 Jahren Praxis als Heilpraktikerin und Homöopathin habe ich unzählige Geschichten mit unzähligen Drama-Lama-Reaktionen erlebt und dadurch selbst viel lernen dürfen. Jeder Klient ist auch mein eigener Spiegel auf dem Feld meines Weltentheaters. Die Spiegel-Funktion des Lebens greift nicht nur manchmal, sondern IMMER!

Ein Naturgesetz kann nicht nur manchmal stimmen und manchmal nicht. Es ist entweder Tag oder Nacht (was ja eigentlich auch nur eine Illusion ist...), die Erde dreht sich weiter in ihrem Rhythmus, im Frühling beginnen die Pflanzen wieder zu sprießen und im gesamten Kosmos gibt es unzählige Zyklen, die in einer ganz bestimmten Reihenfolge ablaufen und Auswirkungen haben.

Und genau diese Gesetze und Auswirkungen haben wir auch hier in unserem Leben – oben wie unten, links wie rechts, innen wie außen. Diese Gesetze gehören zu den hermetischen Gesetzen, die meines Erachtens zum Basiswissen in die Grundschule gehören sollten. Es wäre für dieses Buch zu umfangreich, darauf tiefer einzusteigen. Es lohnt sich aber sehr, sich mit den hermetischen Gesetzen zu beschäftigen. Hierzu gibt es sehr gute Bücher, wie z.B. „Kybalion – Die 7 hermetischen Gesetze."

Es liegt mir am Herzen, Menschen aus ihrem bisherigen Lebens-Schlaf aufzuwecken, damit sie erkennen können, dass sie bisher nur der Sklave ihrer gefühlten Emotionen und damit manipulierender Systeme waren, und ihr inneres Drama-Lama sie im Galopp durch die Welt geschleudert hat. Ihnen war es bisher nicht möglich zu erkennen, dass sie selbst die Zügel in die Hand nehmen können, um ihre Emotionen bewusst zu lenken, und dadurch – ohne emotionale Ablenkungen - ihre Ziele und Visionen zu erreichen.

Es ist wirklich drama(lama)tisch, dass wir uns - im schlechtesten Fall - während unseres gesamten Lebens nur wie ein Brummkreisel mit dem Fokus auf unsere inneren Dramen und unser Selbstmitleid um uns selbst drehen, statt zum eigenen Schöpfer / zur eigenen Schöpferin unseres Lebens zu werden und zum Beobachter dessen, was sich auf unserem Drama-Feld abspielt.

Erst wenn wir dauerhaft diese Beobachterrolle einnehmen können und nicht mehr nur auf unsere Emotionen reagieren müssen, können wir auch andere Menschen und Welten im Außen wahrnehmen. Dann können wir ihnen mit unseren Potentialen zur Verfügung stehen, und dadurch die Welt zu einem besseren Ort machen. Nicht um die Welt zu retten. Nein. Sondern um es uns hier so schön zu machen wie nur möglich und um endlich anerkennen zu können, dass wir uns bereits, seit unserer Geburt schon im Paradies befinden. Mit schlafenden Augen und Brummkreiselgedanken ist das nicht möglich wahrzunehmen.

Das Schlimmste wäre für mich, wenn wir mit all unseren wundervollen Gaben, die JEDE*R von uns mitbekommen hat, zusätzlich zu diesem Körper voller Wunder, den wir auch mitgeschenkt bekommen haben, eines Tages als ungelebter Zellhaufen wieder in die Gruft steigen. Und das anstatt das Leben zu feiern - in all seinen Facetten - und uns dabei zusehen, wie wir weiter unsere vererbten Anteile ablegen und zu dem werden, der wir im Ursprung wirklich sind. Was wäre das doch für ein Freudenfest!

Hast Du Dir das jemals bewusst gemacht? Jeder Baum, jede Pflanze, generell jedes Lebewesen ist aus einem winzigen Samen entstanden, mit der darin bereits programmierten Information, wie groß, wie klein, mit welcher Farbe etc. sich dieses Lebewesen entwickeln soll und vor allem, mit welchen jeweiligen Aufgaben es dieser Welt dienen wird.

Es ist alles schon da - von Anfang an! Es geht im weiteren Lebensverlauf nur noch darum sich zu ent-wickeln. Eigentlich wie jährlich zu Weihnachten stetig die Geschenkpapier-Schichten abzuwickeln, um das wirkliche Geschenk komplett auszupacken, damit wir unsere innere Gabe zu 100% nutzen können.

UNSERE GABE

Spannend finde ich zu realisieren, dass wir unsere Gabe meist unbewusst schon von Anfang an ins Leben tragen. Wir sehen es nur nicht als Gabe, da es für uns ja ganz normal und gewohnt ist, sie auszuleben. Wir haben das ja schon immer gemacht. Daran ist doch nichts Besonderes - eben so wie Zähneputzen.

Bei mir war es z.B. schon in früher Kindheit so, dass ich jegliche Gespräche, die meine Eltern mit ihren Freunden in unserem Wohnzimmer austauschten, wörtlich mitgeschrieben oder heimlich auf Tonband aufgezeichnet habe und völlig fasziniert davon war, welch unterschiedliche Geschichten das Leben schrieb.

Genauso arbeite ich heute auch. Ich höre Menschen fasziniert zu, wenn sie mir ihre Lebensgeschichten erzählen, um darin den roten Faden von Themenwiederholungen aus ihrer Kindheit erkennen zu können und die Spiegel, die ihnen unbewusst im Leben in Form eines Gegenübers begegnen, um sie ins Wachstum zu bringen. Ich nenne sie gerne Arsch-Engel. Denn meist sind es Menschen, die sich komplett mit ihrem DramaLama identifiziert haben, das uns im Außen unsympathisch erscheint. Klar, denn es spiegelt unsere unangenehmen, unbewussten Themen.

Im Anschluss an diese Gespräche übersetze ich das Gesagte in die homöopathische Sprache, um ein Netzwerk an Informationen erkennen zu können, das mir den Kern der stagnierten Lebensthematik des vor mir sitzenden Menschen wiederspiegelt. Dadurch zeigt sich ein Gesamtbild, dessen Äquivalent in der Homöopathie zu finden ist, welches wiederum den Organismus auf energetischer Ebene unterstützt, um sich zu regulieren.

Auch als Autorin verarbeite ich Lebensgeschichten von mir und anderen, um aufzuzeigen, wie sich das Leben ausdrücken kann.

Auf den Punkt gebracht: Ich vernetze Informationen und Menschen miteinander, die zusammen ein Bild, ein Netzwerk oder eine Bewegung, eine Wirkung ergeben.

Meiner Erfahrung nach ist unsere Gabe also nicht etwas, das wir erlernen können. Wir haben es bereits schon in uns und diese Lebenskraft wünscht sich nichts sehnlicher, als endlich in der Welt wirken zu dürfen.

Warum ist es dann so schwer, Kontakt zu unserer Gabe zu bekommen und wir irren stattdessen wie Schweine im Weltall umher?

Weil das Leben schlau ist. Wir müssen darauf erst einmal vorbereitet werden, bevor wir unser geschenktes Handwerkszeug verwenden können. Würde man uns heute einfach einen Schraubenzieher in die Hand drücken, würden wir damit unwissend vielleicht versuchen Nägel ins Holz zu hämmern oder verrückte andere Dinge tun. Erst wenn wir erfahren haben, wie man mit solch einem Werkzeug umgeht, können wir damit kraftvoll wirken.

Anmerkung: Erfahren ist übrigens nicht durch reine Theorie, wie Bücher, Videos, Audios oder gelehrte Wissensvermittlung möglich. Erfahren bedeutet, dass ich etwas spürbar erlebt habe, dass sich mit meinem theoretischen Wissen vernetzt und letztendlich zur Weisheit führt.

Nochmal zur Erinnerung: Alles was ich hier mit Dir teile, habe ich selbst erfahren - durch unzählige Sitzungen, Selbsterfahrungs-Seminare und Erlebnisse im Leben und mit Menschen im privaten, wie auch im beruflichen Bereich. Es ist *meine* Weisheit, die ich hier mit Dir teile. Vielleicht hast Du eine ganz andere. Deshalb ist es empfehlenswert ALLES, was man aus anderen Quellen hört, liest oder sieht zu überprüfen, ob es auch für die eigene Wahrheit stimmig ist.

Faszinierend ist, dass wir alle in genau der richtigen Familie landen, die uns automatisch die richtige Schulung gibt – meist in Form von emotionalen Verletzungen, um später in Kombination mit unserer Gabe den einzigartigen Fingerabdruck zu kreieren, den es tatsächlich auf dieser Welt nur einmal in dieser Form gibt.

Meine Mutter konnte damals nicht damit umgehen, wenn ich nicht auf sie gehört habe, oder wenn Coco (so habe ich mein DramaLama getauft) mit mir durchgegangen ist, weil ich bestimmte Dinge einfach nicht erfahren wollte. (Sie hatte es mit meiner Sturheit aber auch wirklich nicht leicht..!) Aus der Not heraus entwickelte sie ein sich wiederholendes Muster, mich anzulügen, damit ich Coco gar nicht erst aktivieren konnte.

Z.B. sagte sie zu mir: " Liebling, komm´ wir gehen jetzt ein Eis essen." Natürlich freute ich mich wie ein Schnitzel und stieg freudestrahlend ins Auto. Das Ende vom Lied war, dass ich mich plötzlich auf einem Zahnarztstuhl wiederfand, worauf ich mich niemals eingelassen hätte, hätte sie mir ihr wahres Vorhaben verraten. Ich hatte panische Angst vor Ärzten - natürlich aufgrund unschöner Erfahrungen aus der Vergangenheit.

Solche Situationen kamen häufiger vor, und das trainierte mich darin, hinter die Masken-Fassade zu schauen, um im Vorfeld die Lüge zu enttarnen, damit mir diese Erfahrungen in Zukunft erspart bleiben. Diese erlernte Fähigkeit dient mir heute, in der Kombination mit meiner Gabe, die Masken der Menschen zu enttarnen und sie zu ihrer Wahrhaftigkeit zurückführen zu können.

ALLES, was uns im Leben passiert - und erscheint es auch noch so schrecklich und ungerecht - passiert einzig und allein deshalb, um uns in die Kraft zu bringen. NICHTS anderes hat das Leben mit uns im Sinn. Es liegt an uns, die erfahrenen Schmerzen in Quellen der Kraft zu verwandeln, zu den durch die erfahrenen Situationen entstandenen Emotionen JA zu sagen und sie zu durchfühlen, damit die darin stagnierte Kreativität und Lebensenergie uns endlich wieder zur Verfügung stehen kann.

LIEBE DEN PROZESS.....

Wie oft bin ich schon aus Angst, mich den Schmerzen einer Verletzung zu stellen, vor mir selbst weggerannt. Eigentlich den ganzen Tag, indem ich mich mit tausenden von Informationen aus Social Media, Netflix etc. abgelenkt habe, anstatt in mein inneres Informationsnetzwerk zu spüren, was es mir gerade zeigen will, damit ich meine alten, mich immer noch blockierenden Traumata in mein Potential verwandeln kann.

Ja, denn unser Potential liegt genau in diesen Wunden. Jeder Schmerz trägt auch ein Potential in sich, das jedoch durch den Widerstand gegen diesen Schmerz im Kern eingesperrt ist. Und dadurch wird es etwas Böses, das wir nicht mehr fühlen wollen. Wir laufen davor weg, verdrängen ihn in den tiefsten Keller. Das Problem ist, dass in diesem Keller abertausende solcher nicht gefühlter Wunden eingesperrt sind (meiner Erfahrung nach sind solche Traumata sogar über viele Leben und Generationen in unseren Zellen gespeichert), und durch unsere Nichtbeachtung ein Schattenfeld kreieren, das zu einer eigenen Macht mutiert.

Denn jede Wunde hat keinen größeren Drang als gefühlt, angeschaut und dadurch transformiert zu werden. Es ist wie ein ausgesondertes Puzzlestück, das nicht mehr zum großen Ganzen dazugehören darf, weil wir entschieden haben, es nicht zu akzeptieren. Aber das Energiefeld baut sich trotzdem auf und wirkt wie ein Magnet, in Form von Menschen und Situationen im Leben, die genau diese Wunden wieder aufreißen lassen – also fühlbar werden lassen. Dadurch erhalten wir abermals die Chance, diese Wunde, dieses Puzzlestück endlich zu integrieren, um immer mehr in die Ganzheit zu kommen.

Je mehr wir in diese Ganzheit kommen, desto weniger werden wir auch von der äußeren Dualität manipuliert. Jedes Mal, wenn ich mit einer integrierten Wunde zu einer Situation JA sagen kann - mit allen damit verbundenen Konsequenzen, wird es auch in folgenden ähnlich schwingenden Situationen nicht mehr die Resonanz in mir geben, darauf emotional zu reagieren.

SKLAVENTUM

Montag früh, 06:00 Uhr. Mein Wecker klingelt. Ich schalte auf Snooze und kuschel´ mich nochmal auf die andere Seite. Nach gefühlten 5 Sekunden klingelt er wieder. Meine Stimmung ist genervt. Coco meldet sich zu Wort: "Och nöööö!!! Jetzt ist das Wochenende schon wieder vorbei. Ich will jetzt noch nicht aufstehen. Ich will noch weiterschlafen!"
„Super," denke ich. „Auf diese Weise werden wir wohl nie entspannt in den Tag starten."

Da ich spüre, dass Coco jetzt die Aufmerksamkeit von mir benötigt, entscheide ich mich dafür mir diese Zeit zu schenken und mit ihm in den Kontakt zu gehen.

„Coco, ich verstehe, dass Du jetzt am liebsten noch weiter schlummern möchtest. Was kann ich Dir denn jetzt geben, damit Du eine ähnliche Energie erhältst?" Coco überlegt kurz und antwortet schließlich: "Geborgenheit."

Ich lege meine Hände auf mein Herz, stelle mir vor, wie ich Coco mit meiner Einatmung in mein Herz ziehe und ihn mit dem Gefühl von Geborgenheit nähre bis er satt ist. Nun ist er zufrieden und ich fühle mich entspannt.

Warum lebt der Durchschnittsmensch auf diese ferngesteuerte Art und Weise?

Überall klingelt der Wecker zu Zeiten, wo der eigene Rhythmus eigentlich noch weiter Ruhe bräuchte. Aber aufgrund unseres Pflichtgefühls und den Erwartungen an uns selbst (ja, nicht wegen der Erwartungen anderer, sondern weil wir von uns erwarten, dass wir den Erwartungen der anderen entsprechen müssen), verraten wir täglich unsere Seele, um in diesem völlig ver-rückten Spiel mitzumachen. Ist doch normal! Das machen doch alle so!!!

Für mich ist das eine Abwandlung des noch bestehenden Sklaventums. Natürlich schick getarnt mit Besitz und Materie, die nach außen zeigen soll, wie erfolgreich und toll wir doch sind.
Um keine Missverständnisse aufkommen zu lassen...Besitz und Materie sollen hier nicht generell als etwas Schlechtes dargestellt werden. Im Gegenteil!
Jedoch habe ich beobachtet, dass viele Menschen für die Bestätigung ihres Egos ihren Besitz missbrauchen und von ihm abhängig sind, so dass für sie ein großer Leidensmoment entsteht, sollte er ihnen durch bestimmte Umstände eines Tages weggenommen werden, da sie sich vollkommen mit ihrem Besitz identifiziert haben. Nicht selten hört man traurige Selbstmord-Geschichten aufgrund des Verlustes einer großen Summe Geld. Hier kommt wieder unser inneres DramaLama ins Spiel. Es ist unser verletzter Ego-/Kinderanteil, der permanent Energie und Aufmerksamkeit braucht. Er identifiziert sich mit allem, was ihn nach außen hin größer wirken lässt.

Natürlich ist das DramaLama umso größer, je tiefer wir in der Kindheit Wunden erfahren haben, z.B. wenn wir keine oder für uns nicht ausreichende Aufmerksamkeit durch unsere Eltern erhalten haben. Dann ist das Bedürfnis nach Aufmerksamkeit im Erwachsenenalter riesig. Ausprägungen könnten sein, dass wir uns dann z.B. auf eine Bühne stellen, um gefeiert zu werden oder versuchen jemand zu sein, der wir im Inneren gar nicht sind. Nur um die verletzten Gefühle aus der Kindheit nicht mehr fühlen zu müssen.

In geheilter Form stehen wir dann auf der Bühne FÜR die Anderen – um ihnen zu dienen. Wir sind dann nur „der Oskar für die Nebenrolle". Und das jedoch mit purer Erfüllung.

Viele von uns nehmen Jobs an, wenn der Lohn stimmt (oder auch nicht) und nicht aufgrund des eigenen Potentials, womit sie dieser Welt dienen könnten. Erst, wenn wir dienen, dann ver-dienen wir auch die Früchte dafür. In welcher Form auch immer.

Ich empfinde es als absurd, 8-16 oder mehr Stunden pro Tag etwas zu tun, das uns weder Freude bereitet, noch einen Abdruck im Universum von uns hinterlässt. Machen wir uns nichts vor: Wir sind in unseren Jobs stets austauschbar. Stattdessen könnten wir aus unserem Potential heraus diese Welt ein bisschen schöner und heller machen, und die eigene Seele zum Strahlen bringen. Denn nur deshalb hat sie den ganzen Aufwand auf sich genommen, um hier zu landen und zu wirken.

Sklaventum bedeutet für mich, täglich etwas zu tun um zu funktionieren, damit ich meine Grundkosten decken kann. Je nach Job evtl. noch etwas mehr. Aber was bringt mir das *Etwas mehr*, wenn ich nie oder viel zu wenig Zeit habe, es in Leben umzuwandeln?

Das Zuckerl sind dann 30 Tage Urlaub im Jahr, um das erarbeitete Geld wieder auszugeben, und die verbrauchten Zellen mal schnell wieder mit Energie aufzuladen. Dann geht das Spiel weiter im Kabinett.

Damit sind wir doch schon gestorben, bevor wir gelebt haben. Ist das wirklich der Rhythmus des Lebens, den wir uns immer vorgestellt haben? Oder gibt es manchmal eine ganz leise Stimme in uns, die wir ärgerlich beiseite schieben, um unsere derzeitige Situation und Handlung nicht in Frage zu stellen?

Wie oft hören wir, dass jemand an einem Burn out leidet? Die Fallzahlen steigen stetig. Befragt man diese Menschen, wie es zu solch einem Zustand gekommen ist, berichten sie meist von sehr langen, belastenden Zeiten im Vorfeld, in denen sie keine Zeit mehr für sich oder die Familie hatten, denn sie mussten dafür sorgen, dass finanziell alles auf sicheren Beinen steht.

Sie sind meist über lange Zeit über ihre Grenzen gegangen, bis eines Tages ihr Körper nur noch die Reißleine ziehen konnte. Stillstand durch Zwangs-K.O. Dieser Mensch wurde wie eine Zitrone bis auf den letzten Tropfen ausgepresst - oder hat sich auspressen lassen - bis der Körper nur noch die Wahl hatte, den Notstecker zu ziehen.

Da stellt sich doch die Frage:" Warum hat er sich das angetan?"

Meiner Erfahrung nach, weil seine Programmierungen innerhalb seiner Zellen eine Situation im Außen anziehen MUSSTEN, die sich auf diese Weise darstellt.

Wenn durch die Lebensumstände im Außen die Emotion ANGST aktiviert wurde, dann versucht der Verstand in der Regel alles dafür zu tun, um dieser Angst auszuweichen und sie nicht mehr spüren zu müssen. Die Folge ist, dass das ganze System auf Hochleistung programmiert wird, um möglichst viel Sicherheit in Form von Geld zu produzieren, welches jedoch natürlich gar nicht bei ihm bleiben kann. Der Mensch sendet mit seinen Ängsten einen permanenten Mangel ins Feld aus, der sich ja genauso zurückspiegelt, wie er seine Gedanken hineingegeben hat.

Der scheinbar leere Raum um uns herum, in dem wir uns tagtäglich bewegen, ist voll von energetischen Programmierungen: unbewusst von uns in Form von Gedanken und Gefühlen ausgesendet, die sich eines Tages materialisieren werden. Es ist nur eine Frage der Zeit und der Häufigkeit und der Intensität der Gedanken.

Das Feld hat seine eigene Sprache. Es hat z.B. keine Resonanz zu „nicht" oder „kein". Wenn ich also den Gedanken aussende von:" Ich möchte auf keinen Fall die Erfahrung von Armut machen." versteht das Feld stattdessen:
"Ich möchte die Erfahrung von Armut machen." Oder: „Ich möchte niemals werden wie meine Mutter!" kreiert die Feldinformation: "Ich möchte werden wie meine Mutter."

Und dann haben wir den Salat!

Somit ist es wichtig, möglichst oft bewusst und in der Beobachterperspektive zu bleiben, während wir denken oder auch sprechen. Was wir also letztendlich in jedem Moment aussenden und damit das uns umgebende Feld programmieren. Je öfter wir die gleichen Gedanken denken oder Sätze sprechen, desto schneller materialisiert sich die Energie, durch die stetige Verdichtung der Informationen.

An dieser Stelle möchte ich von Herzen die kraftvolle Forschung und wertvolle Arbeit von Dr. Joe Dispenza empfehlen. Er hat unzählige Bücher geschrieben, Meditationen aufgenommen und bietet weltweit Workshops an, worin er den Teilnehmern lehrt Kontakt zu ihrem Potential zu erhalten und aus dem Nullpunktfeld heraus - also egofrei - ihre Ziele zu materialisieren.

Es ist auch möglich, sich vereinzelte Workshops von ihm auf der Seite www.gaia.com anzuschauen. (Gaia.com ist ein Streaminganbieter, wie Netflix, jedoch mit sehr wertvollem und hoch qualitativem Content in Bezug auf Forschungs- und Geisteswissenschaften. Wirklich sehr empfehlenswert, denn hier ist - im Gegensatz zu Netflix - geistiges Wachstum garantiert. By the way – ich werde nicht von Gaia gesponsert. Es ist mir einfach ein Herzensanliegen diese Informationen zu verbreiten).

Ich dachte damals, ich wäre schlau, und könnte diesem Sklaventum durch eine Selbständigkeit entfliehen. Das hatte ich dann auch schon mit 25 Jahren als Heilpraktikerin erreicht. Allerdings zeigte sich bald, dass auch das eine Illusion war. In dem Wort steckt es ja schon drinnen: Selbst und ständig!

Und so war es dann auch. Selten kam ich abends vor 22:00h nach Hause, weil ich noch Rechnungen schreiben oder homöopathische Fälle bearbeiten musste. Und wenn ich in den Urlaub fahren wollte, dann musste ich im Vorfeld so viel arbeiten, dass ich finanziell meine Grundkosten in meiner Abwesenheit decken konnte. Krankheit wiederum war ein Luxusgut, denn auch in dieser Zeit hatte ich keine Einnahmen. Also auch auf dieser Ebene bin ich im Sklaventum gelandet.

Unsere neue Zeit bringt jedoch viel Potential von neuen Möglichkeiten mit sich. Wie wackelig ist es eigentlich, sich finanziell nur auf ein Standbein zu verlassen? Das hat ja die Corona-Zeit gezeigt: Unzählige Menschen haben ihre Arbeitsplätze verloren und Selbstständige gingen in die Insolvenz. Weil sie sich nicht mehrere Sicherheitsbeine aufgebaut hatten. Zum Glück hatte ich mir vor 8 Jahren bereits eine zweite Einnahmequelle generiert. Das hat mich finanziell überleben lassen.

Eine Kollegin hat es mal so schön formuliert: „Man sollte von seinem Hauptjob niemals abhängig sein, seine Grundkosten zu decken. Dafür sollte jeder ein zweites oder ein weiteres Standbein haben. Das gilt vor allem für die Selbstständigen. Denn, wenn ich als Selbstständiger meine Arbeit machen muss, um meine Grundkosten zu decken, wird es auf die Dauer meine Begeisterung löschen, und ich werde zu jemanden, der sein inneres Leuchten verloren hat." – so wie leider die meisten von uns.

Ich meine mit einem zweiten Standbein nicht, sich noch zusätzlich einen Job um den Hals zu hängen, so dass wir noch

mehr Sklaven des persönlichen Zeitmangels werden. Es wäre jedoch empfehlenswert, sich mit möglichen Residualeinkommen zu beschäftigen, die später zu einem passiven Einkommen werden könnten. Das wäre eine Möglichkeit, um es sich etwas leichter zu machen.
(Ein Buchtipp hierzu: „Das Business des 21. Jahrhunderts" von Robert Kyosaki) Bei Bedarf kannst Du Dich diesbezüglich auch gerne an mich wenden.

Das ist übrigens eines der unerträglichsten Dinge für mich - wenn ein Mensch sein inneres Leuchten verliert!
So ist es mir auch mal ergangen. Und leider musste ich in meiner Familie Menschen, die mir am Herzen lagen, dabei zuschauen, wie sie sich - durch das ewige Funktionieren im Außen - irgendwann selbst aufgegeben haben, krank wurden und schließlich starben.

Ich selbst erhielt meine Keule in Form einer Diagnose, die mich wachgerüttelt hat! Mir war klar, dass auch ich in diese Pflicht-/Erwartungsfalle getappt bin und dadurch nur noch wie ferngesteuert von A nach B rannte, ohne zu leben.
Ich hatte meine Herzenswünsche einfach erstickt – durch meine Wahnidee gar keine Zeit zu haben, da ich ja immer zuerst meine Erwartungen erfüllen musste. Für meine Herzenswünsche blieb dann oft keine Zeit mehr übrig.

Mein DramaLama Coco trichterte mir ein: "Erst, wenn Du erfolgreich bist, dann kannst Du Dir Zeit für Dich und Deine Wünsche nehmen. Bis dahin musst Du erst alles erledigt haben. Sonst steht Dir die freie Zeit nicht zu." Und schon war ich wieder in der Opferenergie. Sind wir erstmal in diesem

Zustand gelandet, bedarf es eines klaren Geistes und sehr viel Kraft, um sich da wieder heraus zu manövrieren.

In diesem Zustand wird die eigene Verantwortung abgegeben und alle Schuld für meine Misere auf das Außen projiziert. Wenn ich es schaffe, in solchen Momenten bewusst zu bleiben, ziehe ich mich bildlich an meinen Haaren, um aus dieser Energie herauszukommen und stattdessen nach einer Lösung zu suchen, die mich aus der Schwere herauskatapultiert. Manchmal sind es Lösungen, die mir gar nicht gefallen, weil sie mit Handlungen zu tun haben, die eventuelle Konsequenzen mit sich ziehen. Dadurch könnte ich meine bisherige Komfortzone verlieren.

Ja, das kann passieren, wenn wir die Verantwortung selbst in die Hand nehmen, um etwas zu verändern. Jedoch ist das Gefühl der Befreiung am Ende mit keinem Geld der Welt zu bezahlen!
Und das Schönste daran ist, ich hole mir dadurch meinen Selbstwert zurück, denn ich bin es mir wert, stetig dafür zu sorgen, dass ich glücklich bin. NICHT zufrieden! Sondern GLÜCKLICH! Das ist eine komplett andere Frequenz! Zufrieden beinhaltet die Energie von „Ich habe mich arrangiert." Das wäre das Schlimmste für mich, was passieren könnte. Wenn ich mich in einer Situation arrangiere, dann beinhaltet das ein inneres Verbiegen meiner Selbst, um im Außen endlich Ruhe zu haben.

Aber jedes Verbiegen bedeutet mich zu verraten – meine innere Wahrheit, meine wahren Herzenswünsche zu leben. Und jedes Sich-Verbiegen muss und wird sich eines Tages auf den Körper durch Symptome auswirken, da es eine Stressenergie auf das ganze System erzeugt. Der Körper hat nur die Möglichkeit, durch fühlbare Symptome zu uns zu sprechen, um uns darauf aufmerksam zu machen, dass es hier gerade etwas gibt, das dringend angeschaut werden möchte.

Und wenn das Leben mich nun plötzlich in einen Autounfall verwickelt oder in eine schwere Krankheit, und meine Zeit hier auf dieser Kugel wäre plötzlich vorbei??
Tja, dumm gelaufen, würde ich sagen.

Meinst Du wirklich, Du bist hier, um mehr als Dein halbes Leben nur zu schuften und zu ackern, um in einem Reihenmittelhaus zu wohnen mit einem Garten in der Größe eines Hamsterkäfigs, mit 30 Tagen Urlaub und morgendlichem Frustriertsein zur Arbeit zu gehen, weil Du täglich weißt, wie Dein Morgen ablaufen wird? Mit Sicherheit gibt es Menschen, die damit glücklich sind. Vor ihnen habe ich absolute Hochachtung. In unzähligen Gesprächen durfte ich jedoch erfahren, dass die Mehrheit sich eigentlich ein anderes Leben wünscht, sie aber keine Idee haben, wie sie an ihren Umständen etwas ändern können.

Das Leben hat mich Folgendes gelehrt: Je mehr ich mein Leben verplant habe, desto unlebendiger bin ich geworden. Klar, wie sollen so denn noch spontane Dinge auf Deinem Weg entstehen bzw. wahrgenommen werden können.

Ich möchte Dich dazu einladen, mal alles loszulassen, was Du meinst zu wissen, wie Leben funktioniert. Dr. Wayne Dyer hat eine so wundervolle Gegenüberstellung von Geburt und Leben gemacht:

Wenn wir als Embryo in der Gebärmutter heranwachsen, fehlt es uns an NICHTS! Alles ist da, einfach so, was wir zum Leben und zum Wachstum benötigen. Ohne dass wir dafür etwas tun mussten. Seine These war, dass Naturgesetzte nie nur in einem Bereich des Lebens wirken. Entweder wirken sie oder nicht. Auf unser Beispiel des Embryos bezogen: wie kann es sein, dass dieses Naturgesetz, mit allem versorgt zu sein, nach der Durchtrennung der Nabelschnur nicht mehr wirken soll? Hierin liegt die Illusion. Wir Menschen sind in unserem Gehirn über Jahrhunderte so geprägt worden, einfach alles zu übernehmen, was uns unsere Ahnen erzählt oder mitgegeben haben.

Was wäre jedoch, wenn sie sich geirrt hätten, und dieses Naturgesetz weiter bestehen bleibt, wenn wir ins Leben geboren werden und die Nabelschnur durchtrennt wird. Was uns davon abhält, sind unsere schmerzhaften Erfahrungen aus der frühen Kindheit. Haben unsere Eltern uns z.B. schreien lassen, um uns zu erziehen, dann haben wir die Erfahrung gemacht: „Für mich wird nicht gesorgt." Oder „Keiner hört mich." Daraufhin konnte der Mangel an Vertrauen in die Welt oder die Überzeugung „Die Welt ist kein sicherer Ort" erst entstehen.

Mir selbst fiel das unglaublich schwer. Ich bin in einer Familie aufgewachsen, wo ich mein Vertrauen komplett verloren hatte. Deshalb wurde ich später auch zu einer absoluten Durchplanerin mit wenig Raum dazwischen.

Ich wurde zum Kontrolletti durch und durch. Erst, als mir viel später klar wurde, dass unter dem Mistrauen eine tiefe Hilflosigkeit versteckt war und ich mich mit ihr konfrontierte, änderte sich alles in mir und ich begann, endlich wieder zu leben.

Übung:

Spüre mal ganz ehrlich in Dich hinein und schreibe Dir auf, wo Du Dich im Leben bereits verbogen hast oder noch verbiegst, um Deine oder die Bedürfnisse der anderen zu stillen.

Notiere Dir die Konsequenzen, die Opfer, die es zu bringen bedarf, wenn Du Dich wirklich wirklich für Dich entscheidest und in die Handlung gehst, Dich endlich wertzuschätzen.

Dann gehe die einzelnen Punkte durch und spüre genau hinein, zu welchen Opfern Du JA sagen kannst und zu welchen nicht. Dann arbeite nach und nach die Punkte ab, zu denen Du noch nicht JA sagen kannst, spüre die Emotionen und Widerstände dazu und lasse die Energien - ohne Gegenreaktion - durch Dich fließen, um sie integrieren zu können.

Integrieren bedeutet, dass ich widerstandslos die bisher abgelehnte Emotion in mein Herz hole, um sie dort im Mitgefühl zu fühlen und sie dadurch wieder annehmen kann. Als Folge steht mir die darin gefangene Energie wieder zur Verfügung.

DER SPRUNG IN DIE INNERE FREIHEIT

Ich habe es tatsächlich getan! Ich saß im Flieger von München nach Vancouver/Kanada mit einem Breitmaulfrosch-Grinsen im Gesicht und kriegte mich vor Freude gar nicht mehr ein.

Dazu ist wichtig zu wissen...ich bin die Tochter eines Hobby-Piloten, der jede freie und wetterschöne Minute nutzte, um mit seiner 4-Sitzer-Maschine über den Wolken zu schweben, um wenigstens hier die Illusion der Freiheit kosten zu können.

Für mich war es JEDESMAL! der absolute Mega-Stress!!!!! Ich hatte von Kind an eine scheinbar unüberwindbare Flugangst, und verfluchte unzählige Male das unfaire Leben, mich in solch eine Flieger-Familie gespuckt zu haben. Keiner meiner Freunde konnte mein inneres Drama verstehen, denn für sie war das natürlich großes Kino am Wochenende einfach mal mit uns mitzukommen. Und sei es nur zum Kaffeetrinken auf einem kleinen Zielflugplatz.

In diesen Momenten drehte Coco natürlich vollkommen auf: "Oh Gott! Wir werden abstürzen und sterben. Wir werden dabei vor Schmerzen vergehen, wenn wir den Aufprall spüren. Auf gar keinen Fall setzen wir uns in dieses unkontrollierbare Flugzeug!"

Ich hatte mir unzählige Beruhigungs- und Ablenkungsmanöver überlegt. Die damals wirksamste Form war das Luftmaschen-Häkeln. Es lenkte mich, soweit möglich, von Coco`s Dramaeskapaden ab. Während dieser Flüge häkelte ich kilometerlange Luftmaschen, die insgesamt mit

Sicherheit unser gesamtes Sonnensystem hätten einwickeln können! Mein Glück war aber auch, dass meine Eltern immer offen dafür waren, Freunde von mir mitzunehmen. Für diese Ablenkungsmöglichkeit war ich unendlich dankbar.

Heute würde ich auf Coco ganz anders reagieren. Denn durch Ignoranz kann keine Heilung stattfinden. Heute würde ich ihn fragen, was er jetzt von mir braucht, um in die Heilung gehen zu können, ihn dann mit meiner Atmung in mein Herz ziehen, und ihn mit dem gewünschten Gefühl nähren bis er satt ist. Damit habe ich die heilsamsten Erfahrungen gemacht.

Seltsam ist, dass mich diese Flugangst bis zu meinem 48. Lebensjahr begleitet hat – und das, obwohl ich jährlich mehrmals in den Urlaub flog oder später zu meiner Homöopathie-Ausbildung 2x jährlich über 11 Jahre nach Griechenland.

Das I-Tüpfelchen war dann vor 10 Jahren, als meine Mutter für 6 Jahre nach Mallorca ausgewandert ist. In dieser Zeit bin ich 3-4 mal pro Jahr nach Mallorca geflogen, um sie sehen zu können. (Zu dieser Zeit wurde sie schon von einer Pflegerin betreut, da ihr dementer Zustand es nicht zuließ alleine leben zu können.)

Allerdings gestehe ich, dass wir dadurch unzählige berührende Momente am Strand dieser wunderschönen Insel verbringen durften - mit gemütlichen Picknicks, Spaziergängen und Baden im Meer. Es war wirklich eine besondere Zeit – mal abgesehen von den absolut durchgeknallten Hysterieanfällen von Coco vor und während jedem Flug, so dass ich nach der Landung den restlichen Tag erstmal mit sich entladenden Bauchschmerzen auf der Couch verbringen musste.

Coco hatte mich erfolgreich mit seinem Drama identifiziert, und am Ende erlag ich als wehrloses Opfer den äußeren Umständen meiner Schmerzen und bemitleidete mich selbst. „Das hast Du jetzt davon!" triumphierte Coco. „Du wolltest ja nicht auf mich hören. Wären wir doch zu Hause, in unserem sicheren Hafen geblieben, dann hättest Du Dir diese Schmerzen jetzt ersparen können." Und zusätzlich setzte er noch hinzu:" Und wir müssen ja auch wieder zurück. Auf gar keinen Fall werde ich mich erneut in solch eine Schüttelmaschine setzen. Vergiss es! Da fahre ich lieber tagelang mit dem Schiff."

„Jetzt sind wir erstmal hier. Und darüber bin ich froh", antwortete ich ihm. „Jetzt ist Jetzt. Und über den Rückflug mache ich mir Gedanken, wenn es soweit ist." Als ob es nicht reichen würde, den eigenen Körper auf diese Weise spuren zu müssen, brauchte es zusätzlich eine enorme Kraft, auch noch Coco im Zaum zu halten. „Manchmal ist Leben echt anstrengend", dachte ich.

Erst nach Jahren mit Homöopathie, Energie- und Traumaarbeit bemerkte ich plötzlich auf einem Flug von Mexico nach Hause, dass diese Angst nicht mehr zu spüren war. Du kannst Dir wirklich nicht vorstellen, was das für ein befreites Freudenfest für mich war!

Das bedeutet innere Freiheit! Sich von den inneren Fesseln aufgrund unserer einengenden Programmierungen und

Gedanken zu befreien, um endlich der inneren Intuition zu folgen – egal wo sie uns auch hintragen mag, um unsere Aufgaben und Lektionen zu erledigen.

Zurück zu meiner Reise nach Vancouver....
Ich selbst wäre niemals auf die Idee gekommen, so wahnsinnig zu sein, mich für eine Reise nach Kanada zu entscheiden – eben aus den oben genannten Gründen. Spannend ist doch immer wieder, wie uns das Leben Situationen zuspielt, mit der Möglichkeit, die eigene Komfortzone ein kleines Stück zu erweitern.

Ich erhielt eine Einladung nach Arkansas/USA von der Firma, für die ich als Netzwerkerin arbeite, um mir vor Ort die Produktionsstätte - vom Labor der Herstellung bis zum Verteilen in die gesamte Welt - ansehen zu können. Tatsächlich zögerte ich keine Sekunde, diese Reise anzutreten - trotz aller schlimmsten Absturzprophezeiungen von Coco. Aber ich wollte auf jeden Fall einen Trip zu einem weiteren Ort einbauen, was mir eine Reise zu einem späteren Zeitpunkt mit dem Flugzeug ersparen würde.

Ich schaute bei Google-Maps was denn so alles in der Nähe lag. Hmm...Mexico...nein, ich fühle mich noch nicht soweit, dort alleine hinzureisen. Das würde ich aber später auf jeden Fall mal tun.

Kanada – nur 2h Distanz von meinem Endzielort. Perfekt. Ich nahm mir vor, diese Gelegenheit zu nutzen, um etwas zu tun, was ich bisher noch nie getan habe. Ich wollte mir einen Herzenswunsch erfüllen, der aufgrund meiner bisherigen

Ängste immer wieder in den Keller verdrängt worden war. Kanada war schon immer ein Land, das mich faszinierte. Pure Natur mit ganz viel Grün, Bergen und Seen. Einfach mal absolut Eins sein mit dem JETZT.

Ja, genau das wollte ich. Mir war klar, dass mein Abenteuer-Gen sich daraufhin nicht mehr bändigen lassen würde, und ich entschied mich (mit echt Schiss in der Hose und einem kreischenden DramaLama im Gepäck) für eine 3-wöchige Reise mit einem Campervan alleine durch West-Kanada zu reisen. Das Absurde war jedoch, dass ich mich so spät erst dafür entschieden hatte, dass es keine Campervans mehr gab, die ich hätte mieten können. Nur aufgrund einer hingebungsvollen Dame bei der ADAC-Reisberatung hatte es in letzter Sekunde geklappt und meinem Abenteuer stand nichts mehr im Weg.

Was soll ich sagen?! Diese drei Wochen veränderten mein Inneres komplett, und Ich kam als neuer, freier Mensch nach Hause, der den Duft und Spirit von Freiheit geatmet hatte, angefixt auf weitere aufregende Abenteuer.

Ich bin diese Reise mit der Intention angetreten, die Verbundenheit zum Universum, zum Göttlichen - oder wie man es auch immer nennen mag - zu erfahren, denn bisher fühlte ich mich getrennt von diesen Sphären und eher als funktionierender Mensch - ohne den Sinn meiner Existenz verstehen zu können. Ich wollte dem Leben und meiner Intuition vertrauen lernen und mich vom Feld leiten lassen – egal wie sehr Coco auch versuchte, dazwischen zu quatschen, um mich zu behüten.

Und genauso war es. Es gab vor Ort unzählige Situationen, die mein Dramalama vor Angst erstarren ließen, ich fand aber immer wieder einen Weg, damit umzugehen.

Als Belohnung gab es sehr berührende Momente mit mir selbst in Kontakt mit der Natur, die mein Herz vor Freude tanzen ließen. Das sind für mich die kostbarsten Momente: Momente der Freude mit mir ganz alleine.

Und es gab auch Momente, in denen ich mir wünschte, vor Scham einfach nur im Erdboden zu versinken.....
Das passierte tatsächlich genau am ersten Tag meiner Ankunft, nachdem ich meinen chicen Campervan abgeholt hatte und zu meinem ersten Campingplatz fuhr, ohne zu wissen, was da jetzt alles auf mich zukommen würde.
Wie gut! Sonst wäre ich vermutlich sofort wieder zurück geflogen....!

Ich kam also am Platz an und stieg erstmal aus, um mich zu sortieren und um mir alle gefühlt tausend Infos nochmal in Gedanken hochzuholen, um mit diesem Gefährt entspannt umgehen zu können.

Frohen Mutes machte ich mich ans Werk, alle Lebensmittel, die ich zuvor eingekauft hatte zu verstauen und entschied mich dann dafür, auch noch den Wassertank aufzufüllen. Dafür musste ich an der Rückseite des Vans mit einem Wasserschlauch vom Platz einfach nur Wasser reinlaufen lassen. EINFACH! Ich steckte den Schlauch also mit dem Ventil hinein, lief nach vorne zur Quelle, um den Wasserhahn aufzudrehen.

Wichtig ist noch zu wissen, dass der Campingplatz restlos belegt war – eng auf eng. Meine jeweiligen Nachbarn waren also maximal 2-3 Meter von mir entfernt. Coco war mal wieder voll am Start: „Bist Du verrückt? Du kannst das doch gar nicht. Das hast Du doch noch nie gemacht. Das kann doch nur schiefgehen und dann wird es richtig peinlich. Wenn Du jetzt den Bus kaputt machst und dann sitzen wir hier fest? Hier im Nirvana kann uns ja keiner helfen..."

„Uuuuuh! Ok. Ich nehme Dich wahr", antwortete ich ihm. „Ich fühle dass Du Angst hast. Das ist völlig normal, wenn man etwas zum ersten Mal tut." Ich legte meine Hände auf mein Herz und fühlte Mitgefühl für Coco. Dass er in unserer Kindheit nie gelernt hatte zu vertrauen, da die Voraussetzung hierfür damals nicht gegeben war. Als ich mich mit dem Mitgefühl stark genug verbunden hatte, stellte ich mir vor wie ich Coco mit meiner Atmung in mein Herz zog. So lange, bis er komplett im Mitgefühl verschmolzen war. Plötzlich musste ich tief seufzen und wusste, dass sich gerade mein Nervensystem entspannte.

Dann passierte es, der Schlauch löste sich durch den Druck aus meinem Fahrzeug und schleuderte wie eine wild gewordene Schlange mit einer nicht zu bändigenden Wasserfontäne durch die Luft - zur großen Freude meiner Nachbarn, die es sich gerade draußen am Abendbrottisch gemütlich gemacht hatten und durch einen nicht geplanten Duschregen überrascht wurden.

Super! Ein echt toller Einstieg, um sich kennenzulernen. Das war mir sooo peinlich! Coco wurde fast ohnmächtig vor lauter Schreck (vielleicht wäre das auch mal ganz gut gewesen...) Schnell drehte ich den Wasserhahn wieder zu und versuchte den Grund des Schadens herauszufinden.

Sofort kamen mir meine Nachbarn zu Hilfe, ohne sich auch nur einen Moment über das Missgeschick zu beschweren. Ob das in Deutschland auch so gewesen wäre?

Schnell fanden wir heraus, dass wohl schon im Vorfeld das Einfüll-Ventil defekt war, woraufhin ich erstmal zwei Stunden lang mit dem Vermietungs-Service zu telefonieren versuchte, um eine Lösung zu finden, wie es nun weitergehen sollte. Zum Glück gab es eine, denn in Kanada hat man nicht mal eben schnell eine KFZ-Werkstatt um die Ecke....

Was für ein Start! Aber das war noch nicht alles! Völlig fertig von all den mich flutenden Emotionen und Cocos Kreischereien in meinem Inneren entschied ich mich, mir erstmal etwas zu essen zu machen. Die Zeitverschiebung, der lange Flug und all die Aufregung hatten mich ganz schön hungrig gemacht.
Ich entschied mich ganz easy für Toastbrot mit Käse und Oliven, machte den Gasherd an und bräunte das Brot in der Pfanne.
Plötzlich schrie mir ein schriller Ton ins Ohr, der mich und Coco erneut in Aufregung versetzte! Ich suchte den ganzen Van ab, um den Herd dieses Alarms zu finden....

Coco schrie aus Leibeskräften:"Looos! Beeile Dich! Oh Gott, wie peinlich! Alle denken jetzt, wir sind voll unfähig und lachen über uns. Finde den verdammten Alarm-Aus-Knopf!!! Looos!!!"
Wieviel Kraft es bedarf, um solch einen Schreihals zu ignorieren, um nicht selbst wahnsinnig zu werden....! Aber genau darum geht es. Dein DramaLama NICHT zu ignorieren. Es ist doch Dein inneres, verletztes Kind, dass gerade wieder aktiviert worden ist und nun Sicherheit und Geborgenheit von Dir als Erwachsener braucht.

Trotz der gesamten Stresssituation nahm ich mir den Raum um wieder mit Coco fühlbar in Kontakt zu gehen. „Hey, ich fühle Dich. Ich fühle dass Du Angst hast Dich zu blamieren. Ich bin bei Dir. Dir kann nichts passieren!" Ich bemerkte wie Coco sich entspannte. Ich holte ihn sanft in mein Herz und in mein Mitgefühl. Dann war alles gut und ich konnte mich fokussiert darauf konzentrieren, was nun nötig war, um die akute Situation im Außen zu entschärfen.

Endlich fand ich den Verursacher. Es war der Rauchmelder!!!! Obwohl ich die Seitenschiebetür vollständig geöffnet hatte. Das ganze Theater dauerte länger als 5 Minuten, bis ich endlich diesen blöden und sinnlosen Rauchmelder abmontiert, und ihn für immer und ewig tief in einer Schublade vergraben hatte. Durch diesen Krach sind jetzt mit Sicherheit alle Nachbarn wieder hellwach! Dass die Schamgefühle mich übermannten, muss ich ja wohl nicht erklären. Ich hätte wirklich alles dafür gegeben, um mich unsichtbar zu machen. Ich konnte aber in meiner Beobachterposition und damit bei mir bleiben, anstatt ins innere Drama abzurutschen. Coco erzählte mir gerade nur eine Geschichte, die eigentlich in meine Vergangenheit gehörte, jedoch die gleichen Emotionen reaktivierte wie damals.

Nein. Ich ließ mich nicht davon einlullen. Stattdessen entschied ich mich ganz klar dafür, dazu zu stehen. Ich ließ das Schamgefühl ohne Widerstand aufsteigen und sich ausdehnen. Dann verband ich mich erneut mit dem Mitgefühl und ließ die Scham darin schmelzen. Wow! Das fühlte sich an wie ein innerliches Verbrennen.

Ganz klar ersichtlich war für mich, dass sich hier gerade das erlernte Programm meiner Mutter zeigte. Sie hatte mit starken Minderwertigkeitskomplexen zu kämpfen, und ich hatte sie als Kind von ihr kopiert. Später konnte ich sogar über diese peinlichen Situationen herzlich lachen – aber das braucht ja erstmal Zeit, bis man aus dieser Schockstarre wieder rauskommt und mit den aufsteigenden Emotionen gearbeitet hat.

Ja, das war mein Start meiner Kanada-Reise.

Das war jedoch nur der Anfang.
Ich hatte es mir zur Aufgabe gemacht, mich möglichst außerhalb meiner Komfortzone zu bewegen. Somit fuhr ich meist Campingplätze an, die mitten im Wald und meist nicht viel besucht waren. Ich hatte ja die Reise mit der Intention begonnen, mich mit dem göttlichen Feld bewusst und vor allem fühlbar wieder zu verbinden. Dass das natürlich

innerhalb einer Menschenmenge mit wenig Raum dazwischen schwer gelingen kann, brauche ich wohl nicht zu erklären.

Es waren wirklich wunderschöne Campingplätze, mitten im Wald. Ab und zu kam mal ein Ranger vorbei, der das Geld für die Standmiete einkassierte.

Tagtäglich wurde ich durch Coco mit meinen Ängsten konfrontiert, dass mir eventuell ein Bär über den Weg laufen könnte. Klar, das war nicht so weit hergeholt, deshalb beobachtete ich genau mein Umfeld, wie die Menschen vor Ort damit umgingen. Zuvor hatte ich mich in einem riesigen Jäger-Shop darüber informiert. Präsentiert wurde mir ein Anti-Bären-Spray für 50$, was dazu dienen sollte, den Bären in einen Sprühnebel einzuhüllen, damit man selbst die Chance hat, schnell zu flüchten.

Aber mal ganz ehrlich! In dieser akuten Paniksituation fühlte ich mich nur in Gedanken dabei schon nicht in der Lage, das Spray so fokussiert zu halten, dass nicht ich mich, sondern den Bären einsprühte. Am Ende wäre es dann noch so, dass das Ganze nach hinten losgeht. Außerdem fühlte ich mein Bauchgefühl mit einem ganz klaren „Nein!" sich dagegen entscheidend. Es würde sich eine andere Lösung zeigen.

Die meisten Wanderer, denen ich auf meinen Wegen begegnete, hatten sich ein kleines Glöckchen an den Rucksack gebunden, so dass die Bären sie schon von weitem hören konnten und ängstlich davonlaufen sollten.
Ich musste dabei an die armen Schafe und Kühe denken, die von uns durchgeknallten Menschen eine Glocke um den Hals

gebunden bekommen, um immer wieder gefunden zu werden. Alleine die Vorstellung, Tag ein, Tag aus mit diesem Glockengeräusch geplagt zu werden, produzierte einen Tinnitus in meinen Ohren. Nein. Auch das war keine gute Idee.

Ich nutzte die Gelegenheit und fragte einen Ranger. Der musste es ja schließlich wissen. Er empfahl mir bei meinen Wanderungen immer laut aufzustampfen oder zu singen, damit die Bären mich frühzeitig hören könnten und mir nicht plötzlich unvermittelt über den Weg liefen.

Im Übrigen...solltest Du mal in solch eine Situation kommen, dass ein Bär tatsächlich Deinen Weg kreuzt, dann ist es - laut Rangererfahrung - das Allerwichtigste stehenzubleiben, keine hektischen Bewegungen zu machen und mit zuckersüßer Stimme beruhigend klingende Worte auszusprechen, um sich dabei im Zeitlupentempo langsam rückwärtsgehend zu entfernen. Ich hoffe sehr, dass uns allen das niemals passieren wird.

Nun denn, anfangs entschied ich mich erstmal für Wanderrouten, wo ich nicht ganz alleine auf weiter Flur war. Das ging gut und ich fühlte mich entspannt.
Da ich aber auch gerne mal Routen ausprobieren wollte, wo ich wirklich mit mir und Mutter Natur ganz alleine sein konnte, musste ich mich mit meiner Angst konfrontieren.

Ich suchte mir also einen Wanderweg aus und stiefelte los. Was während dieser Tour bis zum Ziel in mir los war, war einfach nur unbeschreiblich. Mein DramaLama wurde zur Dauerpräsenz mit auslösenden Angstattacken, dass es ein

Wunder war, dass meine Nebennierenrinde, wo Adrenalin und Cortisol ausgeschüttet werden, überhaupt noch überleben konnten. Ich wurde praktisch von diesen Angsthormonen überschwemmt.

Coco quatschte mir stundenlang und ohne Pause eine hängende Schallplatte ans Ohr: „Das ist viel zu gefährlich. Bist Du verrückt? In jeder Sekunde könnte ein Bär kommen, uns anfallen und auffressen. Dann haben wir keine Chance. Das ist ein unausweichlicher Tod. Lass´ uns lieber immer sicher im Camper bleiben. Da kann uns nichts passieren."

Ich wurde wirklich sehr herausgefordert, mich nicht von Coco einwickeln zu lassen und ihm nachzugeben. Aber jedes Mal spürte ich ganz tief in mir, dass es eine riesige Chance für mich ist, diese Angst zu überwinden. Ich lief also mit der Angst los und nahm sie voll und ganz an, ließ sie sich ausdehnen und aufsteigen und in meinem Herzen im Mitgefühl schmelzen. Ich blieb dabei so gut es ging in meiner Beobachterrolle. Hätte ich diese verlassen, wäre ich sofort umgedreht und zurück zu meinem Van gerannt. Ich wusste jedoch, dass ich mir das später niemals hätte verzeihen können. Was ist das bitte für ein Abenteuer, wenn man den ganzen Tag das Leben nur aus dem Camper heraus erlebt? Nein. Das hier war meine Challenge, um zu wachsen.

Kennst Du das? Wenn Du Dich klar für das Durchfühlen von Emotionen entscheidest, dass es sich wie ein innerliches Verbrennen anfühlt? In dem Moment springen wir ganz bewusst in den Widerstand gegen die Emotion hinein und sagen JA dazu. Dadurch löst der Widerstand sich auf und die bisher darin eingesperrte Energie wird frei, um uns in positiver Form wieder zur Verfügung zu stehen.

Das ist wahre Transformation. Genauso war es dann auch bei mir. Jedes Mal, wenn ich mich auf dem Weg zum Ziel befand, durchlebte ich wahre innere Fegefeuer, so dass ich wirklich Angst hatte, ob meine Körperzellen das noch aushalten können. Auf dem Rückweg transformierte sich das dann in totale Entspannung und in ein tiefes Vertrauen in die Führung der nicht sichtbaren Kräfte.

Klar war das anstrengend, aber die Geschenke danach sind riesengroß!

Es gestaltete sich später als so wunderschön, dass ich noch heute sehr oft sehnsüchtig daran zurückdenke.
Jedes Mal verändern sich viele Felder/Bereiche in meinem Leben und richten sich neu aus, wenn ich meine Herzensfreuden, wie z.B. diese Reise ausgelebt habe.

In solchen Momenten werden mir die Naturgesetze immer wieder bewusst und wie sie sich auf uns oder wir uns auf sie auswirken. Denn wir sind ja auch ein Teil der Natur und ihrer Gesetze – das vergessen wir jedoch leider viel zu oft.

Das größte Geschenk war: Ich fand dort wirklich die Anbindung, die ich schon so lange gesucht habe. Eine tiefe gefühlte Klarheit, dass das Gefühl von Alleinsein eine absolute Illusion ist. All-Eins-Sein ist doch die eigentliche Bedeutung davon. Spannend, dass wir die Wörter meist mit völlig entgegengesetzter Wirkung verwenden.

Ja, mir wurde bewusst, ich bin niemals alleine. Ich war immer umgeben von einem geborgenheitsspendenden Feld, das mich durchs Leben trägt und mir immer Hilfe und Lösungen anbietet, wenn ich darum bitte. Es gab viele magische Momente, und ich kann jedem nur empfehlen, solch eine Erfahrung mit sich all-ein(s) irgendwann mal zu machen. Es kann sehr heilend sein!

Tiefe, tiefe Dankbarkeit!

SELBSTVERRAT

Seit einiger Zeit bin ich dabei, mir Selbstwertschätzung zu geben.

Mindestens einmal im Monat schenke ich mir ein bis zwei Tage Zeit und Raum und schalte alle Informationsquellen ab, die von außen auf mich einprasseln könnten, wie Handy, Fernseher (hab´ ich gar nicht mehr), Laptop, Bücher oder Musik und sonstiges.

Ich gehe die gesamte Zeit in die Stille und beobachte, was sich mir zeigt. Manchmal reise ich auch mit einer Frage in meinen Innenraum, um nach einer Antwort dazu zu forschen.

Coco findet das natürlich überhaupt nicht super, denn er erhält über die Außenwelt kein Futter mehr, um sich in seinen Dramen zu suhlen. Allerdings durften wir beide feststellen, dass die wirklichen Dramen in Wahrheit gar nicht vom Außen kreiert werden, sondern durch die inneren Geschichten, die wir uns selbst erzählen und auch noch glauben. DramaLama-Futter gibt es also überall – innen wie außen. Die Frage ist nur: „Wie reagiere ich darauf?"

Ich möchte im Folgenden meine Erkenntnisse mit Dir teilen, die ich während eines solchen Innenschau-Prozesses erhalten habe, da ich in Gesprächen mit Menschen oft wahrnehme, dass ihnen eine Anleitung fehlt, wie sie mit sich selbst arbeiten können, um ihre inneren Zwangsjacken nach und nach zu lösen.

Bei sehr hartnäckigen Themen, tiefen Traumata oder auch zu Beginn des Weges der Selbstreflexion bedarf es natürlich einer fachlichen Begleitung und Expertise, da wir uns selbst sehr gerne an der eigenen Nase herumführen können. Nicht umsonst nennt man die unbewussten Themen blinde Flecken, denn dann bedarf es einen Spiegel im Außen, der uns Inspirationen geben kann und uns leitet, genauer und ehrlicher hinzuschauen.

Ich zog mich also in einen Raum zurück, wo ich nicht gestört werden konnte und reiste mit einer Frage in mein Inneres: *"Wofür bestrafe ich mich selbst? Worin kann ich mir noch nicht vergeben?"*

Auslöser für diese Fragestellung waren jahrelange, körperliche Beschwerden – besonders den Darm betreffend, die sich nicht veränderten, egal welchen Weg ich auch einschlug, um sie zu lösen.

Es war sehr belastend für mich. Ich hatte mittlerweile so viele Lebensmittelunverträglichkeiten entwickelt, dass ich mich immer mehr einschränken musste. Es fühlte sich für mich an, als ob ich mir die Süße und das Genießen des Lebens nicht erlauben würde, und ich wollte herausfinden warum. Da über Jahre keine Therapie auf Dauer anschlagen wollte, wurde mir klar, dass ich durch diesen Prozess nun alleine durchzugehen hatte, um zu Erkenntnissen zu kommen, und die dadurch erst mögliche Heilung erzielen zu können. Denn, wie ich zuvor bereits anmerkte: Unsere Seele hat nur die Möglichkeit, über unseren Körper mit uns zu kommunizieren. Somit empfiehlt es sich, immer wieder mit ihr in Verbindung zu gehen, um sich in der eigenen tiefen Wahrheit begegnen zu können.

Beständig wiederholte ich in Gedanken die gleiche Frage: *"Wofür bestrafe ich mich selbst? Worin kann ich mir noch nicht vergeben?"* und setze dabei die Intention, mich mit meinem unbewussten Anteil zu verbinden, der für meine Körperschmerzen verantwortlich ist.

Coco gab alles, um mich von diesem Prozess abzuhalten: „Mir ist kalt! Steh auf und mach die Heizung an. Ich habe Hunger. Bestimmt gibt es noch was Leckeres in der Küche..." Er versuchte mich, in die Unruhe zu bringen und abzulenken, um aufzustehen und *seine* Bedürfnisse zu befriedigen. Aber ich blieb fokussiert und konsequent sitzen, beobachtete das Spektakel und konzentrierte mich weiter darauf, in meine Tiefen noch tiefer einzutauchen.

Plötzlich lichtete sich der innere Nebel und ich erhielt Zugang zu einem Bild, in dem sich ein Kind zeigte - nach vorne gebeugt und weinend -, während es sich im Selbstmitleid völlig aufgegeben hatte. Es jammerte vor sich hin: „Ich habe nicht alles gegeben! Ich konnte meinen Vater nicht retten! Es wäre meine Aufgabe gewesen, ihn aus der Klinik zu holen."

Hierzu ist zum Hintergrund wichtig zu wissen:
Als ich 19 Jahre alt war, erkrankte mein Vater an Darmkrebs. Über zwei Jahre mussten wir - meine Mutter und ich - hilflos mitansehen, wie sein Dasein immer weniger wurde. Am Ende starb er nicht an dem Krebs, sondern an den Folgen der Chemotherapie. Es war damals für mich, als würde mir der Boden unter den Füßen weggerissen. Danach entwickelte ich tägliche Panikattacken, die sich über 15 Jahre erstreckten und

zu meinem Motor wurden, auf der Suche nach Erlösung immer weiterzugehen.

Dadurch machte ich tiefgreifende Erfahrungen und Prozesse, die mich auf den Weg brachten, mein Potential zu entdecken, indem ich die Widerstände gegen die gefühlten Emotionen löste. Diese Erfahrungen machten mich zu der Therapeutin, die ich heute bin: Nicht nur ausschließlich durch Bücher geschult, sondern auch durch das Leben. Heute kann ich für dieses Geschenk gar nicht oft genug DANKE sagen, denn dadurch habe ich mich dafür geöffnet, immer weiter zu gehen mit dem Fokus zu wachsen und mein freiwerdendes Potential der Welt zur Verfügung zu stellen.

Zurück zum Prozess meiner Innenschau:
Ich antwortete meinem Anteil: „Er hatte sich klar entschieden! Er wollte diesen Weg gehen! Es wäre übergriffig gewesen, ihn aus der Klinik zu holen, nur, weil Du der Meinung warst, es wäre so richtig."

„Ich habe ihn im Stich gelassen!", jammerte mein Anteil weiter vor sich hin. Ich spürte, dass er gar kein Interesse hatte, aus dieser Emotion herauszukommen.

„Wo hast Du Dich denn selbst im Stich gelassen?" antwortete ich im tiefen Mitgefühl und mit der Ahnung, dass es hier einen Zusammenhang geben musste mit den stetig auftretenden stechenden Schmerzen in meinem Körper.

„Ich habe mir überhaupt keine Aufmerksamkeit gegeben!" antwortete mein Anteil. „Ich habe mich mit meinem Kummer und meinem Schmerz und meiner Hilflosigkeit alleine gelassen. Ich war nur fixiert darauf, ihn zu retten!"

Ich fragte ihn darauf: "Welche Gefühle hast Du denn durch Deinen Vater erhalten, die Du nicht loslassen wolltest? Welche Bedürfnisse hat er in Dir gestillt?"

„Geborgenheit", antwortete mein Anteil. „Und Sicherheit. Auch das Gefühl, geliebt und wahrgenommen zu werden. Ich habe mich mit ihm tief verbunden gefühlt."

Plötzlich erscheint ein weiterer Anteil auf dem Dramafeld. Ich erhalte die Information, dass er Freude daran hat zu quälen, zu sehen, wenn andere leiden. Es erscheint ein Bild in mir, wie er mit Freude foltert, während er mit einem Messer meine Organe aufschlitzte.

Mir wurde dabei klar, er hat Freude daran, andere hilflos zu sehen, um seine eigene Hilflosigkeit durch die ausgespielte Macht zu überspielen. Es ist der projizierte Selbsthass seiner Hilflosigkeit.

In mir kam eine Erinnerung an meine Kindheit hoch: Ich übernachtete bei einer Freundin, die ich sehr beneidete, weil sie so eine tiefe und schöne Verbindung zu ihrer Mutter hatte, die ich mir zu meiner Mutter immer gewünscht habe. In der Nacht malte ich ihre Fingernägel mit einem grünen Edding an und ergötzte mich mit Genugtuung am nächsten Morgen, als sie schreiend und entsetzt darauf reagierte. Ich wollte, dass sie sich so schlecht fühlte wie ich in meinem Familiensystem. Ich habe meine Wut und Hilflosigkeit an ihr ausgelebt und sie in mein inneres Drama gezogen.

Ich war damals im Schmerz und im Mangel und hatte noch nicht gelernt mit meinem Unterbewusstsein zu arbeiten, bzw. die Dynamiken zu verstehen. Später lernte ich mir mein Verhalten zu vergeben.

In dem Moment, in dem wir stetig mehr der Beobachter des inneren Dramas werden, entsteht automatisch ein Abstand zum Drama und zu mir und ich kann die, wie in diesem Beispiel erkennbare Hilflosigkeit einfach wahrnehmen, als Emotion fühlen und durch mich hindurchfließen lassen, ohne durch sie manipuliert reagieren zu müssen und anderen zu schaden.

Auf einmal wurde es mir klar: Ich hatte Freude daran, dass ich für alle Therapeuten und Ärzte ein unheilbarer Fall bin, der sie an ihre Grenzen brachte. Damit zeigte ich ihnen ihre Unfähigkeit und Hilflosigkeit auf.

Gleichzeitig blieb ich im Opferdasein, im Selbstmitleid „Mir kann ja sowieso keiner helfen!" und holte mir dadurch die Energie und Aufmerksamkeit der anderen.

Wieder erschien eine Erinnerung an meine frühe Kindheit, als ich mir täglich wünschte, eines Tages an Leukämie zu erkranken, um damit endlich die Aufmerksamkeit von meinen Eltern zu erhalten, die ich mir immer gewünscht hatte. Dadurch konnte ich meine Ohnmacht gegen sie ausspielen. Ich wollte sie hilflos sehen, damit ich meine eigene Hilflosigkeit nicht mehr spüren müsste.

Zur Erklärung: Innerhalb meines Familiensystems fühlte ich mich hilflos gegenüber der Erziehungsweise à la Belohnungssystem, dass sich so zeigte, dass ich nur Liebe erwarten konnte, wenn ich den Erwartungen und Regeln meiner Eltern folgte. Zum Preis, dass ich mich dabei selbst verraten musste oder nicht. Ich wurde selten nach meinen Bedürfnissen gefragt, sondern es wurde erwartet, dass ich die Bedürfnisse der Familie erfüllte. Erfüllte ich sie jedoch nicht, folgte Liebesentzug mit tagelanger Nichtbeachtung.

Wichtig ist mir, dabei zu verstehen, dass ich heute, nachdem ich mit meinen Wunden gearbeitet und die eingeschlossenen Emotionen wieder integriert habe, einen anderen Blickwinkel auf die Geschehnisse in der Vergangenheit habe. Denn jede einzelne, gesetzte Wunde durch mein Familiensystem war wichtig! Das sind die Quellen, woraus ich heute meine Kraft beziehe. Alle unsere Potentiale können sich nur aus unseren erfahrenen Wunden entwickeln. Sie sind eine Folge des gewählten Lösungsweges, der uns davor schützen soll, eine solche Verletzung nicht nochmal erleben zu müssen.

ALLES, was uns im Leben passiert – und erscheint es auch noch so schrecklich, leidvoll und ungerecht, passiert meines Erachtens einzig und allein deshalb, um uns in die Kraft zu bringen. Nichts anderes hat das Leben mit uns im Sinn. Es liegt nur an uns, die erfahrenen Schmerzen in Quellen der Kraft umzuwandeln, zu den durch die erfahrenen Situationen entstandenen Emotionen JA zu sagen, sie zu durchfühlen, damit die darin stagnierte Kreativität/Lebensenergie uns endlich wieder zur Verfügung stehen kann. Die Alternative wäre, in der Opferhaltung zu bleiben und sich dadurch auf eine gewisse Art selbst zu verletzen.

Über die Geschichten und Narrative, die wir uns selbst erzählen, halten wir die Aktivierung der damit verbundenen, nicht förderlichen Emotionen aufrecht und sind folglich überhaupt nicht in der Lage, das Hier und Jetzt bewertungs- oder angstfrei wahrzunehmen.

Wir hängen im Drama-Modus fest und werden durch die entstandene negative Energie genährt. Ich denke dabei an das Bild, wie ein Hund sich stetig seine eigenen Wunden leckt.

Deshalb ist es sehr wichtig, die eigenen Wunden und die damit verbundenen Emotionen wertzuschätzen. Sie weisen uns den Weg ins bewertungsfreie Fühlen, und schließlich wieder mit unseren Kraftquellen in Kontakt zu kommen. Wichtig ist mitfühlend die eigene Vergangenheit zu betrachten, denn zum damaligen Zeitpunkt stand mir keine Möglichkeit zur Verfügung, als unterdrückend und im Widerstand mit den damaligen Emotionen umzugehen. Alles hat seine Zeit für die Bereitschaft zu wachsen. Ist der Drang noch nicht stark genug, bedarf eines stärkeren Reizes, der uns in die Bewegung bringt, um ins Handeln zu kommen und damit raus aus dem Opferdasein.

Zurück zu meinem Prozess....

Mir wurde klar, dass ich im Jetzt meine Hilflosigkeit im Leben gegen Autoritäten und existierende Systeme projizierte, die mir vorschreiben, wie Dinge zu laufen haben, so z.B. auf Therapeuten, Ärzte, aber auch auf die Naturgesetze, die bestimmen, dass ich als Mensch eines Tages sterben muss. Somit kämpfe ich wie Don Quichotte gegen meine eigenen Windmühlen, übertragen auf das Jetzt – der permanente Kampf gegen die Dualität. Dass das ein aussichtsloser Kampf ist, darüber muss ich wohl nicht weiter schreiben...!

Meine Erkenntnis ist ernüchternd: Meine Körpersymptome sind die Folge meines inneren Widerstands gegen alle Systeme und die Dualität. Gehe ich jedoch noch eine Ebene tiefer, dann wird klar, dass auch die Systeme und die Dualität nur das Außen sind. Somit stellt sich die Frage:" Gegen welche Systeme in MIR kämpfe ich die ganze Zeit?"

Dann fällt es mir wie Schuppen von den Augen! Ich kämpfe die ganze Zeit in mir gegen das Bedürfnis, mich in jedem Moment und in jeder Situation wahrhaftig auszudrücken und zu zeigen. Wahrhaftig sein bedeutet, die absolute Haftung dafür zu übernehmen, dass ich mich in meiner ganzen Wahrheit zeige. Egal, wie sehr das Außen auch gegen mich arbeiten oder mich sogar ausschließen wird. Stattdessen habe ich mich selbst verraten – in unzähligen Situationen des Lebens um einen bequemeren Weg zu gehen, um mögliche Beurteilungen und Gegenwinde zu vermeiden.

Dieser innere Widerstand gegen meine eigenen unterdrückenden Systeme sind der Grund für meine unbändige Wut gegen mich selbst, die sich in Form von schmerzhaften Körpersymptomen ausdrückt. Die Wut auf mich, dass ich meinen inneren, mich selbst unterdrückenden Systemen gehorchte, anstatt aufzustehen und mich zu zeigen und durch die frei gewordene Lebensenergie und Kreativität, neue Wege zu kreieren.

In jedem Widerstand ist ein Anteil unserer Lebensenergie und Kreativität eingesperrt. Nur durch die Transformation und Auflösung des inneren Widerstandes wird es möglich ein innerlich freies und selbstbestimmtes Leben führen.

Für diesen Widerstand war ich sogar bereit, in den Hungerstreik zu gehen (durch die Nahrungsmittelunverträglichkeiten konnte ich kaum noch etwas essen), wie ein Rebell, der im Gefängnis sitzt, aber trotzdem weiterkämpft. Ein Rebell mit der Folge der Selbstzerstörung.

Das war die Strafe über mich selbst, weil ich mir bis dahin nicht vergeben konnte, mich mein Leben lang verraten zu haben.

Puh! Welche Erkenntnisse! Keine leichte Kost, ich weiß - aber eine große Möglichkeit, durch die Aufdeckung meiner Schattenanteile wieder in die Heilung zu kommen. Der nächste Schritt ist dann die an mich gerichtete Vergebung. Dafür nutze ich gerne das Ho`Oponopono von den hawaiianischen Urvölkern mit folgenden sich wiederholenden Sätzen – zu mir gesprochen - bis sie fühlbar werden und die inneren Widerstände, sich zu vergeben, sich lösen:

„Es tut mir leid. Bitte verzeih mir. Ich liebe Dich, ich danke Dir.“

Während ich diesen Text schreibe, überfällt mich eine schwere Müdigkeit. Diese Reaktion ist mir sehr vertraut und ich fühle, dass sie aus dem Widerstand von Coco gegen meine Innenschau kommt. Jedes Mal, wenn ich an einer tiefen Wurzel angekommen bin, oder auch am Anfang eines tiefen Prozesses, greift er in seine Trickkiste und holt die Trumpfkarte hervor – meist, nachdem er schon im Vorfeld erfolglos alles gegeben hatte, meinen Verstand auszuschalten. Die einfachste Form ist es, den Stecker zu ziehen. Wenn sonst nichts anderes mehr hilft, ist die Müdigkeit und das tiefe Verlangen, sich hinzulegen und zu schlafen, der effektivste Trumpf. Coco möchte nicht aufwachen, um sich der inneren Realität bewusst zu werden. Er möchte weiterschlafen. So wie er es bisher all die Jahre getan hat.
Ich habe mich jedoch dagegen entschieden.

Nein! Ab jetzt, wo ich die Zusammenhänge erkannt habe, möchte ich nicht mehr schlafen, ausblenden, ignorieren und wegschauen.
Es reicht jetzt. Ich habe mich fürs Leben entschieden. Aber unter MEINER bewussten Regie! Es fühlt sich jedoch manchmal sehr anstrengend an, gegen diese Müdigkeit anzukämpfen. Die Entscheidung, es dieses Mal anders zu machen, muss glasklar sein. Egal wie verführerisch die Gegebenheiten auch sein mögen sich davon ablenken zu lassen. ICH habe die Verantwortung dafür, mein Leben zu verändern. Niemand sonst.

Vielleicht möchtest ja nun auch Du mal solch eine Erfahrung machen, in Deinen Schattenkeller zu steigen, um Deine

unbewussten Anteile in der Tiefe kennenzulernen, damit sie wie Puzzleteile wieder re-integriert werden können?
Stell´ Dir einfach die Frage:

„Worin habe ich mich bisher selbst verraten? Oder wann verrate ich mich noch heute selbst?"

Ich bin mir sicher, Du wirst auf die eine oder andere Weise fündig, denn wir tun es täglich - um es bequem zu haben, nicht anzuecken und dazu zu gehören.
Lohnt sich der Preis, den wir auf Dauer dafür zahlen, in dem wir unseren wahren Ausdruck und unser Selbst zurückdrängen?
Diese Frage kannst nur Du für Dich beantworten.
Ich bin gespannt, welche Wahrheiten Du für Dich herausfinden wirst.

ENDLICH GEHT ES WIEDER LOS!

Ich hab's wieder getan! Reingesprungen in die Ängste, die mich davon abhalten wollen, meine Träume zu leben. Nun bin ich unterwegs mit meinem kleinen Puck (einer kleinen Knutschkugel - einem Eriba Puck Wohnwagenanhänger) auf dem Weg von München nach Norwegen. Das zauberhafte Land, in das ich schon immer mal reisen wollte - aber es mangelte am passenden Moment und dem nötigen Fokus.

Wir schreiben das Jahr 2020 – mitten in der Coronawelle. Drama-Lama Coco ist natürlich auch wieder mit am Start: „Passt es denn jetzt? In dieser unsicheren, wenig kalkulierbaren Corona-Zeit? Überall sind doch die Grenzen geschlossen. Norwegen hat sie zwar gerade geöffnet, aber wer weiß, ob sie wieder geschlossen werden und wir dann aus dem Land nicht mehr rauskommen? Was passiert dann? Dann müssen wir vielleicht verhungern?"

„Ja, gerade jetzt!" erwidere ich ihm enthusiastisch. „Weil mein Herz es mir sagt."

Seitdem ich unterwegs bin - im Abenteuer Leben ohne die vertrauten Sicherheiten oder Freunde...einfach nur im Jetzt mit sekündlich neuen, unplanbaren Momenten - begegnet mir das Leben auf solch atemberaubende Weise mit der Info: Ich bin überall zu Hause und in jedem Moment gibt es Menschen, die mir weiterhelfen, wenn ich es brauche. Ich bin NIEMALS!!! alleine.

Das Leben schenkt so wundervolle Zaubermomente...

Aufwachen durch eine Kuh-Herde (Das wäre mal eine super Idee für einen nicht-nervenden Wecker), ein Schwarmflug von Gänsen dicht über meinen Kopf, ein Schmetterling in meiner Mandelschale und viele berührende Gespräche mit Menschen, denen ich vorher noch nie begegnet bin. Dazwischen ist ganz viel Raum und Zeit mit mir und für meine Gedanken und die unglaublich schönen Plätze, die diese wunderbare Welt zu bieten hat. Eins ist klar! Ich möchte mehr Zeit damit verbringen, der Sonne zuzuschauen, wie sie auf- und untergeht. Einfach Sein!

By the way... in Dänemark und Norwegen war zu dieser Zeit absolute Freiheit, was die Maskenpflicht betrifft! Hier gibt es nur die Abstandsempfehlungen. Es war so erholsam. Interessanterweise gehört Norwegen zu den Gebieten mit den geringsten Infektionszahlen. Geht doch!

Unterwegs mit viel Raum und Zeit, habe ich mir vorgenommen, sehr bewusst wahrzunehmen, wenn ich mal wieder von meinen aufsteigenden Emotionen durch mein DramaLama überrannt werde. Dazu eignen sich Reisen ganz besonders, denn es gibt keine Ablenkungen durch To-Do-Listen, Termine oder ähnlichem Planungsmanöver. Nein. Unterwegs gibt es nur das Jetzt.

Wie oft projizieren wir doch dieses DramaLama auf unser Außen - meist in Form von Menschen, die uns nahestehen, statt ihm innerlich zuzuhören, es zu fühlen, es aus unserem erwachsenen Anteil zu nähren, und ihm dadurch die Wertschätzung und Geborgenheit zu geben. (Was sich dann automatisch auch auf den eigenen Selbstwert stärkend auswirkt. Logisch, oder?)

Wie wichtig es ist, sich immer wieder diesen Zwischenraum des Zuhörens - oder wie ich es auch gerne nenne: des Zufühlens- zu schenken, wird mir hier gerade wieder sehr bewusst. Du kannst Dir nicht vorstellen, wie glücklich es mich macht, mir mit dieser Reise einen Traum zu erfüllen. Ich sitze z.B. während der Fahrt in meinem Auto und realisiere, dass ich es wirklich getan habe! Ich bin mit meinem Auto und kleinen Wohnwagen von München nach Norwegen gefahren und habe es keine Millisekunde bereut. Im Gegenteil!

Vor ein paar Jahren noch hätte ich mir das niemals vorstellen können, weil ich es mir überhaupt nicht zugetraut hätte. Damals hatte Coco einfach noch viel zu viel Macht über mich. Da gab es noch keinen Raum dazwischen. Ich habe mich stattdessen immer an mindestens einen anderen Menschen 'geklammert', um mich bloß sicher zu fühlen. Aber sicher vor was eigentlich?

Was genau ist denn anders, wenn man nicht alleine ist? Der Andere kann mir ja weder meine Ängste, noch eventuelle Schmerzen abnehmen. Und wenn eine schwierige Situation auftreten würde, dann wäre er/sie ja genauso involviert. Ist es nicht in Wahrheit eine Illusion von Sicherheit?

Ich beginne die Reise mit der Überfahrt auf der Fähre von Dänemark nach Norwegen. Als wir (ich und Coco) dort ankamen, und alle Passagiere mit ihren Autos und Anhängern aus dem Schiff fahren sollten, drehte ich den Auto Schlüssel um und es passierte.... nichts!

Du musst Dir vorstellen, zig Autos warteten hinter mir, zogen schließlich seitlich genervt an mir vorbei und manche warteten in einer riesigen Schlange, um endlich rausfahren zu können.
Coco brachte mich in Panik: „Wir sind hier jetzt eingesperrt und kommen nie wieder raus. Außerdem können wir die Sprache nicht." Eine Sekunde dachte ich, ich müsste ausflippen, aber dann plötzlich fiel mir ein: "Oh nein! Ich hatte vergessen während der dreistündigen Überfahrt den Stecker für den Kühlschrank im Wohnwagen zu ziehen!" Dadurch war die Autobatterie jetzt leer. Coco schrie hysterisch: "Oh Gott! Was denken die jetzt alle über uns, dass wir nicht fähig sind, auf alles geachtet zu haben?!" und voller Angst: "Was passiert denn jetzt? Was ist, wenn wir aus diesem Schiff nie wieder rauskommen? Wir sind doch hier ganz alleine!"

Was mir in diesem Moment sehr geholfen hat, war, dass ich wieder als erwachsene Nina zu ihm sprechen konnte: "Ja, ich höre und fühle Dich, Coco! Aber ich verspreche Dir, dass ich auf Dich aufpassen und Hilfe holen werde. Du bist bei mir in Sicherheit!"

Coco wurde ruhig. Dann wusste ich: "Es wird eine Lösung geben!" Und genauso war es auch.

Ich sprach einen der Schiffswärter an, ob er mir helfen könnte. Nachdem alle anderen Passagiere rausgefahren waren, erhielt ich eine Privataudienz mit super hilfsbereiten Schiffswärtern, die mein Auto kurzschlossen und dann lief es wieder. Ich glaube, solche bewussten Erfahrungen, dass, egal wie schlimm das Drama für uns gerade sein mag - wenn wir um Hilfe bitten, wird es IMMER eine Lösung geben.

Diese Erfahrungen haben mich über die Jahre mehr und mehr in ein tiefes Vertrauen ins Leben geführt. Genau das, wonach ich mich schon so lange gesehnt habe. Das Gefühl zu haben immer vom Leben geborgen und getragen zu sein. Denn nichts wird uns präsentiert, was uns nicht in die Kraft bringt. Es liegt nur an uns die Drama-Brille abzulegen, nicht mehr in die Bewertung zu gehen und damit erneut in den Widerstand. Stattdessen die aktivierten Emotionen zu fühlen und sie willkommen zu heißen. Das bedeutet Heilung unserer verletzten Kinderanteile.

WURMLÖCHER

Die gestrige Fahrt durch scheinbar endlose Tunnel – die auf mich wie Wurmlöcher zwischen verschiedenen Dimensionen wirkten, hatte mich teilweise emotional echt gefordert. Coco zeigte sich währenddessen mal wieder von seiner „besten Seite" in Form von Panikattacken: "Was passiert, wenn jetzt ein Reifen platzt? Oder der Gaszug reißt? Dann stehen wir hier mutterseelenallein und niemand wird uns finden." Natürlich gab es kein Handy Empfang und...by the way ... ein Tunnel war ca. sieben Kilometer lang (definitiv nicht mein liebster Aufenthaltsort...).

Aber mit vielen beruhigen Worten haben wir es dann doch geschafft. Allerdings gab es einen Punkt, wo ich nach vier Stunden Fahrt mit den ganzen Tunnel-Ängsten und Fähr-Überquerungsaufregungen doch ziemlich durch war und sich ein ungeplanter Campingplatz immer noch nicht zeigen wollte. Ehrlicherweise wäre ich da am liebsten einfach umgedreht.

"Waaas! Nach der Bewältigung der ganzen Hürden, diese nun alle wieder wegen eines Gedankens erneut bewältigen müssen? Bist Du total verrückt?" schrie es in mir.
Ich fuhr rechts ran, hielt an und bestellte bei meinen energetischen Begleitern (So heißen sie bei mir. Manch andere würden sie vielleicht auch Engel nennen...) einen wunderschönen Campingplatz direkt am Fjord mit Blick in die Berge. Und wenn ich will, kann ich einfach ins Wasser springen. Ich denke, nach all den Herausforderungen haben wir uns das verdient!

"Bitte findet diesen Platz und führt mich dorthin", sprach ich in Gedanken zu ihnen.
Und was meinst Du, was dann geschah? Genau zu diesem Platz wurden wir geführt. Ein absoluter Traum direkt am Wasser (wir bekamen den letzten freien Stellplatz dort) mit einem atemberaubenden Blick auf die Berge. Manchmal kann man es sich doch auch einfach leicht machen!

Endlich mal Raum und Zeit, die Seele baumeln zu lassen und ins Nichts-Tun überzugehen. Tagelang nur in meiner Sonnenliege zu sitzen und aufs Wasser zu schauen, während ich den ganz präsenten inneren Beobachter einnehmen konnte, der jegliche DramaLama-Aktivitäten wahrnahm und sie durchfühlte, ohne sie zu bewerten. Allerdings hatte Coco einen anderen Plan.

Ständig sendete er mir Impulse, wie: „Oh, jetzt verspüre ich ein Hunger-Gefühl. Wir haben doch noch ein paar Kekse im Schrank!" Oder: „Jetzt mache ich mir erstmal einen Tee." Oder „Jetzt sind wir extra an diesen abgelegenen Ort gefahren und sitzen nur hier rum? Alle anderen auf diesem Campingplatz fahren zu den besonderen Schluchten im Umkreis und sehen sich die Landschaft an, die sich hier darbietet. Und wir? Wir sind total desinteressiert. Einfach nur dasitzen hättest Du doch auch zu Hause tun können! Auf diese Weise hast Du ja gar nichts Spektakuläres zu berichten."

„Woooow! Ok. Jetzt erstmal wieder Denk-Pause. Das wird mir gerade zu viel", antwortete ich und verschaffte mir dadurch Raum. Diese manipulierenden Gedanken machten mich ganz meschugge im Kopf. Der absolute Wahnsinn!!!

Genau das ist der Grund, warum sich, meiner Erfahrung nach, die wenigsten Menschen Zeit für Selbstbeobachtung nehmen. Denn dann kommt der ganze Affenzirkus nach oben, und Du realisierst, wie sehr Du fortwährend den ganzen Tag von A nach B nach C getrieben wirst. Das ist vermutlich auch der einzige Grund, warum wir uns ständig mit Facebook, Instagram, WhatsApp etc. ablenken lassen: Um uns, bzw. unserem Innenleben bloß nicht begegnen zu müssen!

Bei manchen geht das soweit, dass sie überhaupt nicht mehr mit sich alleine sein können. Sie fühlen sich nur wohl, wenn der Partner oder die Kinder um sie herum sind, oder permanent das Radio oder die Glotze läuft. Ablenkung, Ablenkung, Ablenkung. Aber zu welchem Preis? Wir machen uns völlig abhängig von anderen und vom Außen, anstatt die Zeit mit uns zu genießen. Denn dann entsteht Raum, und neue Ideen und Inspirationen aus dem Feld können in uns einströmen, und wir kommen überhaupt erst in der Lage sie wahrzunehmen.

Eines ist klar: Eines Tages werden wir gezwungen, in die Ruhe zu gehen und uns mit uns selbst zu beschäftigen – spätestens auf dem Sterbebett. Und wenn man sich jetzt vorstellt, vorher noch nie Zeit und Raum genommen zu haben, um in sich reinzuhören, dann könnte diese Situation wirklich richtig ungemütlich werden. Denn unsere Seele möchte mit so wenig wie möglich belastendem Gepäck weiterziehen. Das bedeutet, es rattert im Karton.

Wieso also nicht schon zu Lebzeiten sich dafür entscheiden, sich selbst und dem DramaLama zu begegnen, damit man sich im Sterbeprozess entspannt auf das Loslassen konzentrieren kann, statt auf das, was alles noch nicht geklärt, gesagt oder angeschaut wurde. Das ist der Klebstoff, der uns nicht gehen lässt. Das sind dann die Momente des Dahinsiechens, wo alle Familienmitglieder sich nur noch von Herzen wünschen, er/sie möchte endlich erlöst werden und gehen können. Wenn jedoch die Lektionen noch nicht erledigt sind, dann erhält man keinen Zugang zur nächsten Ebene.

Das gilt übrigens auch für das Leben. Wir können niemals einer Lektion entgehen, wenn wir nicht die Verantwortung dafür übernommen haben uns damit auseinanderzusetzen. Es geht erst weiter auf das nächste Niveau, nachdem wir durch die inneren Sterbe-Geburtsprozesse gegangen sind. Und diese Prozesse hören niemals auf, solange wir hier auf Erden sind. Denn das bedeutet Leben.

Ich fühlte mich von diesem Ort tief berührt. Es fühlte sich an wie auf einem anderen Planeten zu sein. Das ist doch echter Wahnsinn, was diese Erde uns zu bieten hat! Es war ein sehr mystischer und seelenberührender Ort. Ich werde mit Sicherheit nicht zum letzten Mal hier sein. Je mehr ich mich darin übte, Coco aus der Beobachterposition wahrzunehmen, desto mehr entspannte sich mein Körper und mein Nervensystem und Cocos Stimme wurde leiser, bis sie schließlich gar nicht mehr zu hören war. Endlich. Stille. Danke.

EINE DRAMA(LAMA)TISCHE ÜBERFAHRT

Um meine Zeit in Norwegen so gut wie möglich auskosten zu
können, hatte ich mich dazu entschieden, schon von Bergen
mit der Fähre zurück nach Dänemark zu fahren. Die Fahrt
sollte über Nacht gehen, und ich entschied mich gegen ein
Kabinenzimmer, aus dem ich keinen Zentimeter rausschauen
kann, da ich mich in einer Sardinenbüchse nicht wohl fühle.
(Ich sage nur Kontrolletti....!)

Die Fähre war riesengroß und wieder erneut war ich
überwältigt von unserem menschlichen Potential, solche
Stahlriesen produzieren zu können, die auch noch auf dem
Wasser schwimmen.

Es gibt so viele Errungenschaften, die wir als völlig normal
betrachten - aber es sind alles Wunder auf ihre Weise! Und
das größte Wunder ist, dass alles, was existiert, einmal eine
Idee im Kopf eines Menschen war, die von einer Person
aufgegriffen wurde, um sie in die Welt zu bringen. Zu was wir
doch alle in der Lage sind. Würden wir diese Wunder mehr im
Positiven nutzen – wie würde unsere Welt heute aussehen...?!

Es hätte alles so entspannt verlaufen können, wäre da nicht
das offene Meer mit seinen nächtlichen ausufernden
Wellenbewegungen....

So kam es, wie es kommen musste. Schon nach kurzer Zeit
bemerkte ich, dass das anfängliche Wellentanzen in eine
heftige Auf- und Abwärtsbewegung überging, die meinen
Magen dazu veranlasste, sich diesem Rhythmus anzupassen.

Mir wurde kotzübel! Schwankend versuchte ich einen Platz in diesem Riesenschiff zu finden, wo ich eine Position einnehmen konnte, um bestmöglichst in den Schlaf zu finden und diese schreckliche Übelkeit nicht mehr fühlen zu müssen.

Coco machte es nicht leichter: „Das Schiff wird an einem Fels zerschellen." (Er hatte wohl zu häufig „Titanic" geschaut.) „Wir dürfen auf keinen Fall einschlafen. Wir müssen die Kontrolle behalten."

Es war mittlerweile zwei Uhr nachts und in allen Schiffbars- und restaurants lagen Reisende kreuz und quer, um sich irgendwie einen Liegeplatz möglich zu machen. Alle schienen zu schlafen, was wiederrum Coco aktivierte: „Toll! Alle können schlafen und interessieren sich überhaupt nicht für uns und unser Leiden. Wir sind die Einzigen, die mit ihrer Übelkeit zu kämpfen haben – wir sind totale Weicheier...blablaba!"

Da war sie wieder – meine wohl vertraute Selbstmitleidstour. Jammernd und sich beklagend – ein Ende nicht in Sicht! Diesmal fiel es mir sehr schwer aus der Beobachterposition zu ihm zu sprechen. Die Übelkeit zog meine gesamte Aufmerksamkeit auf sich.
Ich kämpfte mich schwankend zur Toilette, um diesem Gefühl endlich ein Ende machen zu können. Jedoch erbot sich mir ein Bild der erneuten Aktivierung, denn alle Klos waren schon randvoll durch andere Reisende befüllt worden (mit was schreibe ich jetzt lieber nicht – ich möchte keine Bilder auf Deine Netzhaut produzieren!).

Schließlich blieb mir nichts anderes übrig, als die Mülltonne zu nehmen. Ich beobachtete mich in diesem Spektakel und musste - trotz echten innerem Leidens - über die Situation grinsen. Wenn mich jetzt jemand sehen könnte....!
Leider fühlte ich mich durch die Erleichterung nicht wirklich besser. Coco musste gleich wieder seinen Senf dazu geben: "Wie auch?! Das Auf und Ab geht ja weiter. Und das noch mindestens sechs Stunden. Das halte ich nicht aus!"

Ich schauderte. Wie bitte sollte ich als sterbender Schwan diese sechs Stunden noch lebend überstehen? Ich war eingesperrt und konnte aus dieser Situation nicht flüchten. Denn wäre ich einfach vom Schiff gesprungen, wäre ich dadurch den Wellen auch nicht entkommen...im Gegenteil!

Die einzige Chance, die ich jetzt noch hatte, war also mich dem Gefühl hinzugeben. Zum Glück fand ich noch einen Platz auf einer Bank in einem Restaurant, wo ich mich zusammengekauert hinlegen konnte.

Ich fokussierte meine Atembewegung. Dadurch war es mir möglich, etwas Abstand zu der nicht endenden Übelkeit zu gewinnen. Jedenfalls für einen Moment. Ich ergab mich der Situation vollkommen. Ich durchfühlte den Widerstand, der sich aufbäumte wie die Wellen des Meeres, um dagegenzuhalten und alles dafür zu tun, das vernichtende Gefühl nicht mehr ertragen zu müssen.

Je mehr ich mich jedoch in diesen Widerstand hinein entspannte, entspannte sich auch der Rest meines Körpers und vor allem mein Magen. Ich schenkte ihm meine volle

Aufmerksamkeit und fokussierte mich auf Mitgefühl mit mir selbst. Je mitfühlender ich mit mir wurde, desto ruhiger wurde Coco, bis er schließlich so entspannt war, dass ich es gar nicht bemerkte, dass ich plötzlich eingeschlafen war.
Was für ein Segen!

Es ist die einzig wirksame Möglichkeit, eine unerträgliche Situation durchzustehen, indem wir mit vollkommener Hingabe JA zu dem unangenehmen Gefühl sagen, welches sie auslöst.
Mit der Entscheidung, mit sich selbst ins Mitgefühl zu gehen, wird es leichter statt wie Don Quichotte gegen die eigenen Windmühlen zu kämpfen, die uns übrigens keinen Schritt weiterbringen, sondern uns weiter ins Drama sinken lassen, wie in einer Abwärtsspirale, bis wir uns komplett verloren haben und selbst zum Drama Lama geworden sind.

Versuche immer den Fokus auf den Raum zwischen dem Gefühlten und Dir selbst als Beobachter zu halten. Dann ist es möglich, aus dem inneren Kampf auszusteigen.

Danke Norwegen, Du wunderschönes Land! Dein Zauber wird noch lange in mir nachklingen.

Übung:

Um den 'Muskel' zu trainieren, ins Mitgefühl zu gehen, anstatt sich mit dem Drama zu identifizieren, erinnere dich täglich daran – auch in kleinen Situationen.

Übe das Hervorrufen des Mitgefühls so oft es geht. Das funktioniert auch anderen Menschen gegenüber, die Dir auf den Keks gehen. Entscheide Dich, Dich von der negativen Emotion nicht ablenken zu lassen, sondern stattdessen Mitgefühl für den Anderen zu fühlen.

Du wirst erstaunt sein, wie Situationen und Verhaltensweisen sich plötzlich wandeln können.

ERKENNTNIS

Ich liege im Bett, starre an die Decke und kann den Schmerz in meinem Herzen kaum noch aushalten.
Coco bäumt sich wütend auf: „Nein! Ich will nicht, dass es vorbei ist! Ich möchte diese wunderschönen gemeinsamen Zeiten nicht loslassen. Ich werde das nicht überleben. Mein Herz zerspringt." Wir haben uns gestern entschieden, uns zu trennen.

Nach sieben Jahren Partnerschaft haben wir beide bemerkt, dass wir uns gegenseitig in unserer Entfaltung hemmen. Jeder von uns hat sich in den letzten Jahren weiterentwickelt, und niemand konnte im Vorfeld wissen, wohin und wie lange die gemeinsame Reise gehen wird.

Da ist es wieder – das Unkontrollierbare, wovor die Meisten von uns so große Angst haben.

Das Leben begann, uns auf unterschiedliche Wege zu rufen, und es war für uns beide wichtig, diesen neuen Wegen zu folgen.
Aber Coco wollte davon nichts wissen: „Wir werden nie mehr solch einen tollen Menschen finden, der bereit ist, uns so zu lieben, wie wir sind! Niemand wird uns jemals wieder solch eine Geborgenheit schenken können, und überhaupt werden wir mit niemanden mehr solch eine Innigkeit spüren." Diese Gedanken aktivierten in mir große Angst.

Was wäre, wenn das wirklich so einträfe? Wenn ich eines Tages als alte Jungfer mit dem Gefühl auf meinem Sofa säße, niemals gut genug zu sein, um für das, was ich bin, geliebt zu werden?!

Nein!!! Ich nahm alle Kraft zusammen, um aus diesem Drama und Opferdasein auszusteigen und kämpfte mich in den inneren Beobachter.

Um was ging es hier denn nun wirklich? Welches Gefühl habe ich durch meine Partnerschaft erhalten, das derartig meine Bedürftigkeit stillte und mich nun mit meinem eigenen Mangel konfrontierte?

Ich wollte noch tiefer gehen. Ich verglich den Moment des Zusammenseins mit dem Moment des Alleinseins mit mir und spürte ganz tief, welche Energie mir nun genau verloren gegangen ist. Und plötzlich kam die Erkenntnis!

Es war die Aufmerksamkeit! Plötzlich bekam ich keine Aufmerksamkeit mehr von außen und fühlte mich leer und zurückgelassen. Dann drehte ich den Fokus zu mir mit der Frage: „Wo und wann gebe ich MIR keine Aufmerksamkeit, obwohl ich sie mir sehnlichst wünsche?"

Ich durchkämmte in Gedanken alle Bereiche meines Lebens und machte mir bewusst, wie wenig Aufmerksamkeit ich mir in den letzten Jahren geschenkt hatte, weil ich ja immer erst anderen die Aufmerksamkeit schenken und meine To-Do-Listen abarbeiten musste.

Mein Herz sehnte sich danach, sich kreativ auszudrücken. Wie lange wollte ich schon spanisch lernen, Gitarre spielen, lernen,

wie man auf einer Hang-Drum spielt, meine neu gekauften, sich stapelnden Bücher lesen, meditieren, mit mir ganz alleine sein, um in mich hinein zu spüren, meine Gedanken und Ideen aufschreiben und weiter meine inneren Blockaden entdecken. Und wieviel hatte ich davon umgesetzt? Nichts!
Ich sah es glasklar. Ich hatte mein Bedürfnis nach Aufmerksamkeit mir selbst gegenüber auf meine Partnerschaft projiziert und fiel nun wieder auf mich selbst zurück, da die 'äußere Tankstelle' nicht mehr vorhanden war.

Übung:

Schaue Dir genau an, in welchen Bereichen Du Erwartungen an Dein Gegenüber stellst und finde heraus, um was es dabei wirklich geht. Es geht meist um Bedürfnisse/Energien, die wir durch unser Gegenüber gestillt bekommen möchten.

Meist sind es Bedürfnisse, die wir schon in unserer Kindheit zu wenig oder gar nicht von unseren Eltern erhalten haben. Somit entsteht eine nicht befriedigte Bedürftigkeit im System, und unser späteres Leben ist darauf ausgerichtet, diesen Mangel zu stillen. Dies wirkt sich auf die Wahl der Partnerschaft oder der Freunde, ja sogar auf die Wahl unseres Berufs aus. Und wenn diese Personen nicht bereit sind, es uns zu geben, gibt es Stress, statt dass wir genau hinschauen und herausfinden, was wir selbst für uns tun können.

Dazu gehören auch der regelmäßige oder übermäßige Konsum von z.B. Zigaretten, Alkohol, Cannabis. Mittlerweile können auch Essen und Gaming, sprich: Computerspiele, sowie Handy-Sucht dazugezählt werden. Das Ziel des Konsums ist das Stillen innerer Bedürfnisse oder eines inneren Mangels.

Lässt die Wirkung z.B. der Substanz nach, wird der Mensch nicht selten umso stärker mit dem eigenen inneren Mangel konfrontiert, was bedingt, dass er zur Kompensation öfter zur Substanz (oder der entsprechenden Handlung) greifen wird, bzw. muss. Der Schmerz wird weiter verdrängt und gleichermaßen in tiefere Schichten gedrückt.

Auf die Jahre und Jahrzehnte betrachtet, fällt das Einnehmen der Beobachter-Position immer schwerer, weil der Mensch durch den jahrelangen Konsum von der Substanz und ihrer ureigenen Information ganz eingenommen ist, und die aktivierten und aufsteigenden Emotionen aufgrund fehlender Distanzierung zu ihnen schlichtweg ausagiert.

Es muss nicht immer so weit kommen!
Wenn wir bereit sind uns dafür zu entscheiden, den Beobachter-Muskel zu stärken, und uns regelmäßig Zeit für die Innenschau nehmen, kann es gelingen, die Zügel unseres DramaLamas in die Hand zu nehmen und es auf eine andere Weide zu führen.

Eine Weide mit Möglichkeiten, sich a) selbst und b) von innen heraus zu nähren, statt dafür das Außen zu instrumentalisieren oder zu missbrauchen.

Übung:

Welche Menschen hast Du bis heute als Tankstelle benutzt, um Deine inneren, bisher unbefriedigten Kinderanteile mit einem guten Gefühl zu füllen?

Schau ganz ehrlich hin und schreibe Deine Erkenntnisse dazu auf.

Fühle in Dich hinein, wie Du diese Tankstellen auf andere Weise in Deinem Leben finden kannst - ohne von einem Menschen abhängig zu sein. Was kann Dir das gleiche Gefühl vermitteln? Was musst Du dafür tun?

Z.B. statt meinen Partner an mich zu ketten, weil ich nicht gut mit mir alleine sein kann, und durch ihn mit Geborgenheit und Sicherheit gefüllt werde. Durch was kann ich in mir selbst dieses Gefühl kreieren? Vielleicht ins Bett verkriechen und mich in eine Kuscheldecke einhüllen, oder beim Baden das warme Wasser auf der Haut spüren?

Forsche nach, wo Deine Quellen zu finden sind und schreibe sie Dir auf.

DIE INNERE RESONANZ

Mallorca war schon immer ein sehr spezieller Ort für mich.
Vor ca. 30 Jahren haben sich meine Mutter und ihre Schwester
auf der Insel eine kleine Wohnung gekauft, und wir haben dort
unzählige intensive Momente unbändiger Freude, aber auch
tiefster Schmerzen erlebt.

Ich hatte immer das Gefühl, dass ich hier Mutter Erde
besonders nah sein kann, und sie mir hilft, alte Wunden und
innere Widerstände zu lösen.

Ich befand mich gerade in einem 'Testballon' mit einem Mann.
Wir hatten uns für eine Freundschaft-Plus-Geschichte
entschieden, da keiner von uns beiden Interesse an einer
verbindlichen Partnerschaft hatte.

Keine Partnerschaft mit all den gegenseitigen Erwartungen,
Verbindlichkeiten, Kompromissen und Verbiegungen, nur um
den Partner weiter halten zu können. Oder die dabei
entstehenden Frust-Emotionen zu durchleben, weil man sich
evtl. mal wieder selbst verlassen hat, um dem Gegenüber zu
gefallen. Nein. Dann lieber unverbindlich.

Betrachten wir eine Partnerschaft doch mal ganz neutral:
Letzten Endes geht es doch – in einem unbewussten Zustand –
u.a. darum, von meinem Gegenüber das Gefühl von Liebe,
Anerkennung, Wertschätzung, begehrt und gesehen zu
werden, Geborgenheit, Sicherheit und noch vieles mehr zu
erhalten. Eben all das, was wir in unserer Kindheit nicht in

dem Maße von unseren Eltern bekommen haben, um uns genährt zu fühlen und glücklich aufzuwachsen.
Diese entstandenen Mangelzustände sind später der Motor, sich mit Menschen zu verbinden, die mir vermitteln, genau das in mir ausgleichen zu können.

Zu Beginn einer Verbindung funktioniert es auch scheinbar so, aber spätestens, wenn sich einer von beiden bewusst wird, dass er sich für den Anderen verbiegt, bzw. sich selbst verrät, beginnen die Konflikte.

Wir fangen dann an, den eigenen Vater auf den Partner, oder die eigene Mutter auf die Partnerin zu projizieren und reagieren ggf. mit Liebesentzug, wenn wir nicht das bekommen, nach dem wir uns doch schon so lange sehnen.

Das ist die Krux! Wir versuchen unsere inneren Löcher des Mangels durch positive Emotionen, die durch das Außen in uns ausgelöst werden zu stopfen, was jedoch niemals gelingen kann, da die Löcher in uns selbst heilen müssen.

Wie das geht? Ganz einfach. Es geht darum, mir selbst die positive Wertschätzung, Aufmerksamkeit oder Achtsamkeit zu geben, die ich vom anderen erwarte. Erst dadurch höre ich auf, an seinem/ihren Energiefeld zu ziehen und ihn/sie zu verformen.

Wir nennen es Be-zieh-ung. Jemand zieht an mir oder ich ziehe an jemanden, damit die eigenen Bedürfnisse gestillt werden.

Das ganze Spiel mal mit Abstand und ohne Emotion betrachtet:
Wie absurd ist es, dass wir uns scheinbar damit zufriedengeben, dass unser Gegenüber sich erst verbiegen muss, um mir das geben zu können, was ich brauche. Fühlt sich das wirklich stimmig und RICHTIG an?

Die Aussage: "Ich brauche Dich!" bedeutet meines Erachtens nichts anderes, als dass ich den Partner/Partnerin missbrauche, weil ich selbst nicht fähig bin, meine inneren Bedürfnisse zu stillen.

(Das erleben wir auch auf anderen Ebenen – eben immer dann, wenn es um eine Verbindung zu einer Person geht, von der ich eine Reaktion haben möchte, die wiederrum eine schöne Emotion in mir kreiert, was mir ein gutes Gefühl bringt.)

An dieser Stelle kann ich nur empfehlen, sich wirklich mal Zeit zu nehmen und in Gedanken das eigene Leben zu scannen, in welchen Bereichen wir andere oder uns selbst benutzen um etwas zu bekommen.

In diesem Bezug möchte ich nochmal auf die Spiegelfunktion des Lebens hinweisen: Solange wir andere unbewusst benutzen und manipulieren, wird es uns auch im Außen immer wieder vor Augen geführt. Wir wundern uns dann, warum wir so emotional reagieren oder uns so aktiviert fühlen, wenn wir in den Nachrichten einen Bericht über Missbrauch oder Manipulation sehen, obwohl wir die betroffenen Personen gar nicht kennen.

Zur Erinnerung: Immer, wenn Du mit etwas in Resonanz gehst, lebt dieses Thema in dir selbst, oder du lebst es unbewusst auch mit anderen aus. In Resonanz gehen ist nur möglich, wenn in mir schon vorher ein Nährboden dafür vorhanden ist. Sonst bleibt es lediglich eine neutrale Information, die durch mich hindurchfließt, ohne eine Emotion zu hervorzurufen.
Das bedeutet nicht, dass wir dann nur noch teilnahms- und empathielos durchs Leben wandern. Nein – im Gegenteil! Der Unterschied ist, dass wir zu tiefem Mitgefühl fähig sind, aber nicht mehr mit-Leiden.

Wir haben nicht mehr das Verlangen reagieren zu MÜSSEN. Es kann jedoch natürlich sein, dass ich einen Impuls verspüre, ins Handeln zu gehen, dann aber ohne Erwartungshaltung, was dabei herauskommen und ohne Emotion, die durch mein Handeln ausgeglichen werden soll.

Übung:

Lege Dir ein kleines Notizbüchlein zu, in das Du alle Deine resonanzbedingten, emotionalen Reaktionen aufschreibst. Du wirst sehen, je öfter Du das praktizierst, desto mehr wirst Du Dir in bestimmten Situationen bewusst, dass gerade Dein DramaLama wieder aktiviert ist und Du nun – aus der Distanzierung heraus - entscheiden kannst, wie Du jetzt reagieren möchtest.

Es liegt immer in deiner Verantwortung, mit welcher Energie Du Deine Zukunft nähren möchtest, denn jede Reaktion -ja

> *sogar jeder Gedanke- kreiert ein Energiefeld, welches sich zu einem Zeitpunkt in der Zukunft materialisieren wird.*

Das sage ich auch meinen Klient*innen:
Erzähle mir Dein Leben und ich weiß, wie Dein Unterbewusstsein derzeit aufgestellt ist und gegen Dich arbeitet.

Die Beobachtungen und Erfahrungen, die ich in der Arbeit mit Paaren und mit mir selbst machen durfte, haben mich immer wieder fasziniert.

Jedes Mal, wenn ein Paar verstanden hatte, dass er/sie seine/ihre Bedürftigkeit aus der Kindheit auf den Partner/die Partnerin überträgt, mit allen Erwartungen, wie er/sie sich verhalten soll, damit er/sie seiner/ihrer Liebe würdig ist, veränderte sich die Art und Weise des Umgangs miteinander. Es wurde wieder möglich, sich auf Augenhöhe zu begegnen und sich wirklich wirklich zu sehen.

Wenn ich meinen Partner/meine Partnerin mit der Vater- oder Mutter-Projektions-Brille betrachte, dann kann ich ihn oder sie als Partner*in gar nicht real wahrnehmen. Schlussendlich liegen wir dann auf energetischer Ebene nicht mit unserem/unserer Partner*in im Bett, sondern mit unserem Vater/mit unserer Mutter.

Dass dann perspektivisch auf sexueller bzw. körperlicher Ebene nichts mehr laufen KANN, ist wohl selbsterklärend.

Gestern erhielt ich einen Anruf einer Freundin. Unter Tränen berichtete sie mir, dass sie und ihr Freund sich getrennt hatten. Und dass, obwohl sie gerade erst zusammengekommen sind und miteinander sehr glücklich waren. Sie hatte bereits einige schmerzhafte Erfahrungen in Bezug auf Partnerschaften mitgemacht - vor allem in der Kombination einer Fernbeziehung. Sie hatte sich hoch und heilig geschworen, sich niemals mehr auf solch eine Verbindung einzulassen.

Nun lernte sie einen Mann auf einem Seminar kennen, der sogar in ihrer Nähe wohnte. Sie verliebten sich und alles erschient rosarot. Dann jedoch war abzusehen, dass er für sechs Monate ins Ausland gehen würde, um von einem Guru Unterweisungen zu erhalten, um mit sich selbst ins Reine zu kommen. Für diesen Prozess hatte er bereits eine hohe Summe im Voraus gezahlt. Somit stand fest, dass er seinem Plan folgen würde.

Verrückt, oder? Da entscheidest Du Dich ganz klar, Dich nicht wieder auf eine Fernbeziehung einzulassen, und das Leben setzt Dir genau den Menschen vor die Nase, der gerade in diesem Moment des Glücks für eine längere Zeit ins Ausland geht, und Du dadurch wieder mit Deinen Themen konfrontiert wirst.

Mit solchen Geschichten könnte ich Bücher füllen!
Wir werden immer wieder mit unserem DramaLama konfrontiert, obwohl wir diese Konfrontation um alles in der Welt versucht haben zu vermeiden.

Der Grund dafür ist meiner Erfahrung nach folgender:
Alles, was sich im Widerstand befindet, kreiert dadurch eine
Anziehung. Das betrifft z.B. auch die Aussage vieler: „Ich will
niemals werden wie meine Mutter!" Damit unterschreibst Du
recht zuverlässig, dass Du genau dazu werden wirst oder
schon geworden bist. (Also überprüfe immer gut Deine
Gedanken und Aussagen. Alles hat eine Aus-Wirkung!)

Ich kann mich nur wiederholen: Es ist so wichtig, sich seiner
inneren Widerstände bewusst zu werden, sich damit zu
konfrontieren, sie zu durchfühlen und zu integrieren. Dadurch
löst du den Widerstand auf und parallel auch die Anziehung
von Situationen im Außen, die uns darin immer wieder
aktivieren würden.

Was hätte meine Freundin nun also tun können, um nicht
erneut in solch einer konfrontierenden Partnerschaft zu
landen?
Sie hätte sich ihrem DramaLama stellen können, das in der
Vergangenheit durch ihre Fernbeziehungen aktiviert wurde.
In dem Aktiviert-Sein steckt ja als Ursprung eine Erfahrung
aus der Kindheit, die immer wieder fühlbar nach oben geholt
wird. Möglicherweise hatte sie einen Vater, der sich eines
Tages von der Familie trennte und weiter weg wohnte, so dass
sie ihn nur noch selten sehen konnte.

Das kreiert natürlich einen großen Schmerz, denn die bis dato
vorhandene Geborgenheit innerhalb der Familie war plötzlich
vorbei, und eine nicht gestillte Bedürftigkeit entstand, die
durch ihre Frequenz eine ähnliche Frequenz anziehen MUSS.
Es kommt zu sich wiederholenden Situationen - wenn auch im

Außen durch scheinbar andere Umstände -, aber das Kernthema bleibt das Gleiche und es wird die gleiche Grundemotion aktiviert.

Zurück zu meiner Freundschaft-Plus-Geschichte....
Diese Situation forderte mich seit Monaten ganz schön heraus, denn bisher hatte ich meist die Erfahrung gemacht, mich in einer Verbindung sehr leicht zu verlieren, und mich nur noch nach den Bedürfnissen des anderen auszurichten. Warum? Weil ich immer Angst hatte, wieder verlassen zu werden. Das Spannende hierbei ist, dass genau diese Angst mich dazu trieb, mich selbst zu ver-lassen.

Somit sehen wir auch hier den Spiegel: Es geht in Wirklichkeit nur darum, dass ich Angst habe, MICH SELBST zu verlassen. Und da gilt es natürlich tiefer hinzuschauen, was genau mich jedes Mal in diese Situation bringt, es immer wieder neu durchleben zu müssen. Wieder einmal waren es meine Erwartungen - besonders an mich selbst -, die durch die Erwartungen meiner Eltern an mich als Kind entstanden sind.

Die Erwartung, perfekt zu sein und den anderen in ihren Wünschen zu entsprechen. Klar! Dahinter liegt natürlich das Bedürfnis, geliebt zu werden (wie bereits vorher schon erwähnt) und Aufmerksamkeit zu bekommen. Darin hatte ich den größten Mangel, denn ich bin als Einzelkind in einer Familie aufgewachsen, wo der Schein nach Außen wichtiger war, als wahre Gefühle zu zeigen.

Ich war in der Auseinandersetzung mit meiner Gefühlswelt vollkommen auf mich alleine gestellt. Materiell wurde für alles gesorgt und ich wurde mit Geschenken überhäuft. Aber meine Bedürfnisse nach Geborgenheit, Sicherheit, Nähe, Aufmerksamkeit und Wertschätzung, wie auch Gesehen- und Gehörtwerden konnten auf diese Weise keine Befriedigung erfahren.

Selbst als mein Vater schwer krank wurde und nach zwei Jahren Leidensweg schließlich seinen Körper verließ - zu diesem Zeitpunkt war ich 19 Jahre jung - wurde bis heute kein Wort über Gefühle ausgetauscht, bzw. wie jede von uns sich damit gefühlt hatte. Wenn ich das Ganze jetzt aus meiner DramaLama-Brille betrachte, lande ich definitiv im Selbstmitleid-modus, der mich keinen Schritt weiterbringt. Im Gegenteil!

Nutze ich jedoch diese Erfahrung als Chance, meine Wunden in Quellen der Kraft zu verwandeln, so, wie ich es später dann auch getan habe, dann kann sich daraus eine Fähigkeit entwickeln, alleine stabilisierende Losungen, Strategien und Erfahrungen zu kreieren, um mit dem inneren Schmerz umzugehen. Diese Erfahrung bedingt wiederrum, dass ich heute Menschen durch ihre inneren Seelenschmerzen führen kann - mit dem Ziel, den Schmerz zu transformieren und dadurch ihre Kraftquelle zu entdecken.

So ist es nun auch heute. Ich durfte heute morgen einen tiefen Moment einer Heilung erleben. Einfach nur deshalb, weil ich mich einem emotionalen Schmerz in meinem Herzen zugewandt habe und direkt in dieses vernichtende Gefühl hineingesprungen bin. Vom Fühlen her dachte ich wirklich, ich halte das nicht aus. Aber meine Atmung half mir dabei. Es war ein tiefer Schmerz eines Verlustgefühls – frisch ausgelöst von einem Ereignis im Außen, aber die Wurzel war eine ganz andere.

Ich habe einen Zwilling, der allerdings schon sehr früh - noch im Uterus - gestorben ist. Auf einer Fühlebene habe ich dies in einer sehr frühen Entwicklungsphase miterlebt.

Solch ein Erlebnis im Uterus, dass Zwillinge heranwachsen, einer jedoch nicht geboren wird, kommt häufiger vor. Die meisten Menschen wissen es jedoch nicht, da es meist in einer sehr frühen Phase der Schwangerschaft passiert.
In diesem Stadium gibt es nur das Fühlen. Worte existieren noch nicht, und wenige von uns können sich daran erinnern.

Diese über Jahre verdrängte Verlustangst und die dadurch kreierte Realität im Außen, tatsächlich jemanden zu verlieren, zieht sich wie ein roter Faden durch mein Leben. Klar – denn alle verdrängten Wunden werden zu Magneten, die uns Momente kreieren, die diese Wunde wieder aufreißen lassen, denn sie hat kein anderes Ziel, als endlich durchfühlt und in unserem Großen und Ganzen re-integriert zu werden. (Durch den aufgelösten Widerstand der damaligen Situation entsteht Heilung)

In diesem Prozess ist mir aber noch etwas anderes klar geworden. Am Ende fühlte ich plötzlich eine unglaubliche Geborgenheit von Mutter Erde, als ob sie mich tragen würde, mit der klaren Info: "Egal was passiert, ich bin immer für Dich da!" Ich fühlte eine tiefe Verbindung zu ihr und mir wurde bewusst, dass wir diese Verbindung zu ihr nur spüren können, wenn auch unsere Verbindung zu unserer leiblichen Mutter geheilt ist.

Alles ist ein Spiegel! Und wenn wir uns ansehen, wie wir mit Mutter Erde umgehen und sie täglich verletzen und missbrauchen - ob bewusst oder unbewusst - müssen wir uns doch nur unser Verhältnis zu unserer Mutter anschauen - und damit verbunden natürlich auch unseren Umgang mit uns selbst - mit unserer weiblichen Seite.

Ich habe in meinen 23 Praxisjahren tatsächlich noch nie mit einem Menschen gesprochen, der mir erzählte, er wäre im Frieden mit seiner Mutter. Verrückt, oder? Da scheint sich die Natur doch etwas dabei gedacht zu haben. Diese Verbindung zur eigenen Mutter, zu Mutter Erde und zu meiner eigenen weiblichen Seite bedarf noch viel Aufmerksamkeit und Erkenntnisse.

Wie befreiend ist es doch, wenn man durch eine belastende ´Gefühlswolke´ durchgegangen ist und danach die Ausdehnung spürt, und mit welch einer intensiveren Qualität man das Leben und sich selbst plötzlich spüren kann. (Ich sage Dir, würden wir das alle öfters tun, dann bräuchten wir keine Drogen mehr!) Diese Erfahrungen treiben mich an, zu bleiben und wie ein Trüffelschwein weiter nach meinen unbewussten Themen im Schattenkeller zu forschen.

Ist ja nicht schwer... Ich beobachte mich einfach, mit welchen Themen im Außen ich noch in Resonanz gehe. Und glaube mir, da gibt es noch viele!

FINDE DEINEN PASSENDEN DECKEL......

Mal ehrlich, - wer kennt das nicht?! Wenn wir an unseren Wunschpartner denken, dann denken wir an einen attraktiven, wunderschönen Menschen, der uns auf Händen trägt, alle Wünsche von den Augen ablesen kann und diese dann bestenfalls auch erfüllt. Der die gleichen Interessen hat, und der das letzte Puzzleteil im Leben ist, um endlich wirklich glücklich sein.

Manche bezeichnen solch einen Partner auch als Seelenpartner.
Die meisten stellen sich darunter ein Gegenüber in gleich gesinnter Gemeinsamkeit vor, mit purer Liebe auf Gegenseitigkeit beruhend, in einem gemeinsamen Leben in absoluter Harmonie.

Leider muss ich Dich enttäuschen! Diese rosarote Zuckerwatten-vorstellung ist eine absolute Illusion! Jedenfalls solange, wie Du Deinem Schattenkeller noch nicht begegnet bist, bzw. noch nicht lernen durftest, Dich in Nicht-Reaktion und emotionaler Neutralität zu üben, wenn Dein inneres DramaLama verrücktspielt, weil es mit dem Verhalten oder dem Geäußerten Deines Gegenübers überhaupt nicht d'accord geht oder es zumindest unaufgeregt stehen lassen kann.

Denn, wenn wir uns aus dem Mangel heraus etwas wünschen oder visionieren, wird natürlich auch der Mangel mitmaterialisiert. Das Feld um uns herum reagiert schließlich auf die ausgesendeten Emotionen – und zwar auf alle!

Wenn ich also aus der Sehnsucht heraus visioniere, dann wird mir auch die Sehnsucht präsentiert werden, was bedeutet, dass durch meinen nächsten Partner meine Sehnsucht aktiviert wird, weil er meine Bedürfnisse nicht befriedigen kann. (Das ist im Übrigen auch gar nicht sein Job, denn wir selbst sind dafür verantwortlich, die Bedürfnisse in uns zu stillen. Dazu aber später mehr.)

Wenn wir jedoch jegliche Erwartungen an den neuen Partner loslassen und stattdessen nur die Gefühle ins Feld schicken, wie wir uns selbst innerhalb unserer nächsten Partnerschaft erleben möchten, dann ist es möglich, harmonisch zusammenzuleben, da das gegenseitige Projizieren und Brauchen dann endlich aufhört.

Es geht also nicht darum, meinen Traumpartner zu manifestieren, sondern mich, in Form einer besseren Version von mir selbst, die innerhalb der neuen Partnerschaft mit sich alleine glücklich ist, weil sie sich liebt, wie sie ist und dadurch auch die Liebe des Gegenübers erst annehmen und wahrnehmen kann.

Kommt es zu einer neuen Begegnung mit Schmetterlings-bauchgefühlen, befinden wir uns zuerst im 7. Himmel - um genau zu sein 6 Monate lang -, denn so lange schwingt unser Gehirn aufgrund der ausgeschütteten Hormone in einer schizophrenen Frequenz. Das ist kein Scherz! Gehirnforscher haben herausgefunden, dass ein verliebtes Gehirn in den ersten 6 Monaten tatsächlich die gleichen Frequenzen aufzeigt, wie ein an Schizophrenie Erkrankter.

Was bedeutet das denn jetzt? Na, dass wir in dieser Phase einfach völlig verstrahlt sind und die Realität, überhaupt nicht entsprechend wahrnehmen können.

Energetisch ist es so, dass sich die Frau den Mann aussucht – auch wenn wir manchmal meinen, es wäre andersherum. Frauen haben in Höhe und hinter der Nasenwurzel ein energetisches Riechorgan, das genau bestimmt, wen wir als attraktiv wahrnehmen und wen nicht. Jemanden als anziehend wahrzunehmen, bedeutet in Wirklichkeit, dass die Seele genau weiß, dass dieser Mensch, der gerade mein Herz vor Freude hüpfen lässt, genau die Schattenanteile in sich trägt, die ich benötige, um in meinen tiefsten Wunden von ihm berührt zu werden. Die Droge, die meine Tür im Herzen zu meinen tiefsten Kellern öffnet, ist das Gefühl von LIEBE.

Das fasziniert mich stetig wieder! Die Natur ist so perfekt!!!! Da finden sich jedes Mal scheinbar zufällig zwei Menschen, die sich exakt in ihren Wunden aktivieren, damit die vergrabenen Schatten zutage gefördert, und nochmal gefühlt werden können. Dadurch werden sie sichtbar bzw. greifbar, um sie wieder im eigenen System zu integrieren. Ohne die Droge LIEBE wären wir doch niemals freiwillig dazu bereit, uns auf diese schmerzhaften Prozesse einzulassen.

Warum muss es denn aber so oft schmerzhaft sein? Nun ja, ein Schmerz entsteht nur dann, wenn ich im Widerstand gegen etwas bin – sei es eine Emotion, eine Situation oder eine Person. Wenn ich eine dadurch ausgelöste Emotion nicht haben will, weil ich sie als „nicht-schön anzufühlen" eingestuft habe, verhindere ich dadurch die eigentlich gewollte

Entladung (durch das Hindurchfühlen der Emotion) und drücke sie stattdessen wieder tief in meinen Keller, um sie nicht mehr fühlen zu müssen.

Das passiert besonders dann, wenn ich alle meine in mir gefühlten Emotionen auf mein Gegenüber projiziere, indem ich ihm die Schuld für mein Empfinden gebe. Das Problem hierbei ist, dass ich in diesem Moment mein Gegenüber nicht mehr klar wahrnehmen kann, sondern durch meine Projektionsbrille auf ihn schaue: nämlich durch eine Geschichte, die sich dazu in meinem Kopf manifestiert hat, kombiniert mit einer schmerzhaften Erfahrung aus der Vergangenheit. In diesem Moment identifiziere ich mich voll und ganz mit meinem inneren DramaLama und habe meine neutrale Beobachterrolle verlassen. Die Folge: Ich reagiere wie im Autopilot und erfülle eine selbsterfüllende Prophezeiung, die sich aus meinem Mindset ergibt.

Ich z.B. habe von meiner Mutter früher sehr oft den Satz gehört:
"Drum prüfe stets, wer sich ewig bindet, ob er nicht was Besseres findet."

Diese selbsterfüllende Prophezeiung MUSSTE sich in meinem Leben in der Art ausdrücken, dass ich immer, wenn ich in einer Partnerschaft war, mich nicht wirklich eingelassen habe, da meine Antennen auf mögliche bessere Angebote nach außen gerichtet waren. Und natürlich fand ich auch nach einiger Zeit meist ´etwas Besseres´. Das erlebte ich immer und immer wieder, bis ich dieses Thema lösen konnte. Bewusst war mir dieses Mindset natürlich nicht.

Und genau hier liegt das Problem, denn, was uns nicht bewusst ist, ist das, was uns im Untergrund manipuliert und auf eine automatisierte Weise reagieren lässt. Am Ende wird dann dieses Mindset wieder einmal in der Auswirkung bestätigt. Mit jeder weiteren Wiederholung und stetig neu erfahrenen gleichen Emotionen, vernetzen sich unsere Synapsen im Gehirn mehr und mehr, wodurch ein Aussteigen aus diesem Muster mit jedem Mal schwieriger wird.

Beginnen wir jedoch durch die Bewusstseinsarbeit mehr die Rolle des Beobachters einzunehmen, entsteht der Raum dazwischen, der uns ermöglicht zu wählen, bevor uns das Muster in die gewohnte Reaktion lenken kann, ob wir dieses Mal anders reagieren möchten oder auf dieselbe Weise wie bisher. In der Konsequenz bedeutet dies jedoch, dass die gleichen, sich stets wiederholenden Ergebnisse dabei herauskommen.

Wenn Du also gerade unzufrieden mit Deinem Leben sein solltest - egal auf welcher Ebene -, dann kommst Du nicht darum herum, in Deinen Keller zu gehen, um Dir Deine emotionalen Muster bewusst zu machen, um eines Tages mit einer klaren Entscheidung einen neuen Weg einzuschlagen. Den inneren Frieden mit all unseren im Außen gespiegelten Anteilen zu erreichen, ist für mich das größte Glück, das ich mir vorstellen kann zu erfahren. Es macht mich innerlich frei und das völlig unabhängig von meiner Außenwelt. Was für ein wundervoller Zustand!

Ich bin dieser Illusion des Traumpartners mein Leben lang hinterhergerannt. Ich lernte Männer in Seminaren, im Urlaub oder auf Singleseiten kennen, war anfangs meist total euphorisch, bis sich nach den mystischen sechs Monaten der Verstrahlung die Realität zeigte. Dann wurde es richtig anstrengend, mir durch den anderen zu begegnen. Unzählige Triggerpunkte wurden in mir aktiviert, und erst als ich gelernt hatte, wie ich mit meinen Emotionen umgehen und die damit verbundenen Themen lösen konnte, die wir alle von unseren Ahnen auf zellulärer Ebene mit vererbt bekommen haben, konnte ich mit den kaum aushaltbaren inneren Gefühlswellen und –welten umgehen. Das ging über dramatische Eifersucht, über Mistrauen bis hin zu sehr starker Verlustangst.

Ohne es zu bemerken, begann ich zu klammern, was für den anderen jedoch nicht sicht-, aber spürbar war. Ich versuchte trotzdem so cool wie möglich zu bleiben, unterdrückte meine Emotionen, teilte sie auch nicht mit meinem Partner, sondern explodierte plötzlich in bestimmten Momenten, wo die Ansammlung der Unterdrückungen für mein System nicht mehr tragbar war.

Dadurch kreierte ich mir eine Welt, die einen Wahnidee-Charakter hatte, denn mein Gegenüber konnte mit meinem hysterischen Ausbruch überhaupt nichts anfangen. Wie auch?! Ich hatte ihn ja nie in meine Welt mit eingeladen. Ich war 1:1 mit Coco identifiziert. Es gab keinen Raum mehr dazwischen, und ich konnte nicht mehr in den Beobachter wechseln.

Extreme Verlustangst kreiert natürlich auch die Realität des Verlusts. Es muss sich ja so auswirken, denn man selbst geht davon aus, dass es passiert und verhält sich folglich auch genauso, als ob das innere Hirngespinst Wirklichkeit wäre.

Als mir in einer bestimmten Situation klar wurde, dass ich die Verbindung zu mir selbst verloren hatte und dieses Gefühl auf meinen Partner projizierte, fing ich sofort an, meinen Fokus auf mich zurück zu lenken und mit meinen Emotionen zu arbeiten. Das Resultat war, dass ich den anderen nicht mehr brauchte und ihm endlich Raum geben konnte, ohne an ihm zu klammern. Dabei entstand zum ersten Mal etwas sehr Tiefgehendes: Wahre Liebe! Nicht das, was wir sonst als Liebe bezeichnen – die nur gefühlt werden kann, wenn der andere meine Erwartungen erfüllt.

Nein, das ist in Wahrheit die egoistische Liebe - die erwartungsbedingte Liebe! Die Liebe, die nur aus Bedürfnisbefriedigung besteht.
Wahre Liebe will nichts! Wahre Liebe braucht nichts. Wahre Liebe IST. Sie ist nur daran interessiert, dass es meinem Gegenüber so gut wie nur möglich gehen soll, und dass er oder sie glücklich wird/ist – auch, wenn es bedingen sollte, dass sich Wege womöglich durch unterschiedliche Wirkungsorte trennen müssen und wir eine Partnerschaft, wie wir es uns ursprünglich gewünscht hatten, nicht mehr weiterführen können.
Ja, das kann passieren. Wenn ich jedoch wirklich liebe, lasse ich ihn oder sie gehen.

Das Schlimmste, was passieren kann, ist, dass ein Partner/eine Partnerin bleibt, um die Bedürftigkeiten des Gegenübers zu erfüllen. Jedoch erliegt er/sie einem Muster, um vom eigentlichen, eigenen Thema abzulenken. Z.B. um zu vermeiden, sich wirklich und in seiner Wahrhaftigkeit zu zeigen und damit zu riskieren seine/ihre Träume auf dem Scheiterhaufen zu verbrennen und sich selbst zu verraten.

In diesem Moment gibt er/sie sich auf. Und die Seele weint, weil sie sich in dieser Welt nicht so erfahren kann, wofür sie eigentlich gekommen ist. Das kann auf Dauer nicht gut gehen, und es braucht nicht viel Wissen und Verständnis, dass es irgendwann zu einem krankhaften Ausdruck kommen kann. Wenn die eigenen inneren Bedürftigkeiten weiterhin nicht gestillt werden, beginnt unser Ego-Anteil die Fühler wieder nach außen auszustrecken, um nach Möglichkeiten zu suchen, die ungestillten Befriedigungen durch Ablenkungen im Außen zu verdrängen.

Das wird dann meist in Form eines Seitensprunges ausgelebt. Eine Affäre ist meiner Erfahrung nach, die klassische Form des Sich-nicht-einlassen-Wollens auf die Verbindung, mit der es sich gerade schwer anfühlt, weil ich durch sie mit meinem Schmerzkörper konfrontiert werde. Das wirkliche Einlassen würde die Entscheidung bedeuten, das Geschenk der Spiegelung innerhalb der Partnerschaft wahrzunehmen und zu nutzen. Damit erhalte ich die Chance, in die eigene innere Dramawelt einzutauchen, um den Widerstand zu lösen, damit die vorherigen Projektionen auf meine/n Partner/Partnerin beendet werden können um sich gegenseitig auf Augenhöhe in Wahrhaftigkeit zu begegnen.

Meiner Ansicht nach dient eine Affäre in Wirklichkeit nur der Pufferung der derzeitigen schwierigen Situation mit der/dem eigentliche/n Partner/in. Durch die Affäre werden die unangenehmen Emotionen vorübergehend wieder in den Untergrund geschoben. Und zwar solange, wie die anfänglichen Glücksgefühle anhalten. Bis schließlich auch hier eines Tages die hormongesteuerte Verstrahlung beginnt, Stück für Stück nachzulassen, und nun die Projektionen sichtbar werden.

Es kann zu einer Droge werden, sich immer und immer wieder eine neue Affäre zu suchen, um sich von den eigenen tiefen Wunden abzulenken. Aber das funktioniert nicht ewig. Eines Tages kommt es zum Zusammenbruch des inneren Schutzsystems und die Wahrheit kommt ans Licht. Denn, das Leben ist IMMER für uns und die innere Wahrheit hat nichts anderes im Sinn, als sich zu entfalten und sich zu zeigen. Auch wenn der Arschtritt, endlich in die Bewegung zu gehen, am Ende vom energetischen Feld übernommen wird, da wir bis dato nicht in die Verantwortung gegangen sind, es selbst zu tun.

Mit Mitte zwanzig hatte ich solch eine Partnerschaft. Wir waren noch jung und hatten von all diesen Dingen nicht den geringsten Schimmer. Was ich jedoch spürte, war eine Einengung, eine gefühlte Erwartung meines Partners, mehr Zeit in uns zu investieren. Zu dieser Zeit war ich jedoch total erpicht darauf, mir Wissen anzueignen, meine Praxis aufzubauen und mich neu zu entdecken. Ich war ständig auf Fortbildungen und Selbsterfahrungsseminaren unterwegs. Es war eine Reise zu mir selbst, auf die ich meinen Partner nicht mitnehmen konnte, wobei er diesbezüglich auch völlig im

Widerstand verharrte und eine unterschiedliche Entwicklung unvermeidlich war.

Wir entwickelten immer mehr eine Be-Ziehung, zogen also durch unsere nicht gestillten Bedürfnisse ständig mit der Erwartung aneinander herum, dass der andere diese nun endlich füllen sollte. Da jedoch jede Erwartung schon die Ent-Täuschung in sich trägt, kreierten wir uns miteinander einen stetig enger werdenden Käfig. Ein Käfig in unserem Inneren, da es ja unser eigenes Erwartungssystem war, das uns von der Fähigkeit, sich gegenseitig Raum zu geben, komplett abspaltete.

Schließlich kam es dazu, dass ich meine inneren Antennen unbewusst wieder auf Sendung stellte und mir meine Bestätigung und Wertschätzung durch Flirts, heimliche Treffen und Telefonate über Jahre hinweg holte. Ich habe mich nie auf einen Seitensprung eingelassen. Die Frage ist jedoch, ab wann er als solcher gezählt wird? Wenn er wirklich ausgelebt oder nur in Gedanken durchgespielt wird?

Ich werde auf jeden Fall niemals den Tag X vergessen: Ich bin gerade wieder von einer Fortbildung zurückgekommen, und wir wollten eigentlich ganz entspannt miteinander frühstücken, als es ganz plötzlich ungeplant und unerwartet aus mir herausbrach: „Schatz, ich muss Dir etwas sagen." Darauf folgte ein stundenlanges ´Geständnis-Erbrechen´, das sich über die letzten 5 Jahre aufgestaut hatte. Es war für mich eine ganz fürchterliche und zugleich erleichternde Erfahrung, denn auf der einen Seite konnte ich mich endlich wahrhaftig zeigen. Aber auf der anderen Seite fühlte ich eine unerträgliche Schuld und den Schmerz, den ich durch meine Geständnisse bei meinem Partner verursacht habe. Ihn in einem solchen Ent-Täuschungs-Schmerz sehen zu müssen, war für mich kaum auszuhalten. Ich gab mir das Versprechen, niemals mehr in eine solche Situation zu kommen, in der ich mich selbst verrate, und nicht die Verantwortung übernehme für meine Bedürfnisse zu sorgen, so dass ich dafür niemanden instrumentalisieren oder missbrauchen muss!

All diese Lügen aufzudecken und sich in der eigenen Hässlichkeit zu begegnen, fühlte sich wie ein inneres Fegefeuer an. Heute kann ich im Rückblick darauf definitiv sagen, dass sich all die kurzfristigen Bedürfnisbefriedigungen durch Flirtereien im Vergleich zu dem vernichtenden Gefühl des inneren Fegefeuers in keinster Weise gelohnt haben. Heute sehe ich es jedoch als wichtige Erfahrung an, denn ohne sie wäre ich nicht da, wo und wie ich heute stehe.

Nichts passiert umsonst oder ohne Grund, sondern deshalb, um sich vom Leben berühren zu lassen. Nur so können wir wachsen. Die größte Herausforderung in diesem ganzen Prozess war, mir selbst zu verzeihen – für alles, was ich meinem Gegenüber und somit natürlich auch mir selbst, angetan hatte. Das war ein langer Prozess bis zur wirklichen, innerlich gefühlten Freiheit. Für diesen Mut und meine Ausdauer, diesen Weg für meine Wahrheit haftend zu gehen, danke ich mir noch heute aus vollstem Herzen!

Ich wurde viele Jahre später dafür reichlich vom Leben beschenkt: nämlich dem Menschen zu begegnen, der auf gleicher Augenhöhe, mit den gleichen Werten, dem gemeinsamen Blick in die gleiche Richtung, mit einem riesengroßen Herzen, dem gleichen Humor und mit der gleichen Ausrichtung auf Wertschätzung, Anerkennung, Persönlichkeitswachstum und Freiraum ausgerichtet ist. Ich hätte es mir vorher niemals zu träumen gewagt, dass mir so etwas nochmal passieren könnte.

Aber es ist passiert und mir wurde dabei klar, jeder von uns hat da draußen sein Gegenüber-Ich, das nur darauf wartet, endlich Einlass ins Leben zu erhalten, indem wir uns nach und nach dafür entscheiden, unseren Keller aufzuräumen. Denn damit erhalten wir die Chance, unsere vom Leben gestellten Lektionen anzugehen, um endlich zu der Leuchtkugel werden zu können, wofür wir gemeint sind. Und eins kann ich Dir versprechen: zu zweit zu leuchtkugeln, ist das Allerschönste überhaupt!!!

Es ist so wichtig, immer achtsam mit sich zu sein. Die vermeintliche Droge der egoistischen Liebe, die sich ja innerlich so toll anfühlt, weil da endlich jemand ist, der mich scheinbar so liebt, wie ich bin, die möchte natürlich keiner loslassen. Darin versteckt sich die größte Bedürftigkeit eines Menschen: wahrhaftig geliebt zu werden. Aber darum geht es in Wirklichkeit überhaupt nicht.

Es geht darum, sich eines Tages selbst so lieben zu können, wie wir es uns von unserem/er Partner/in wünschen. Wenn dieser Moment erreicht wird, dann hört die Bedürftigkeit endlich auf, und eine wunderschöne innere Freiheit entsteht. Eine Freiheit, die den anderen so stehen lassen kann, wie er ist. Mit all seinen Fehlern und Unzulänglichkeiten, die ihn oder sie jedoch perfekt machen, denn das sind wir alle bereits. Perfekt! Vom Leben so erschaffen, um hier zu wirken und uns dessen bewusst zu werden. Es bedarf jedoch noch des Ausziehens unzähliger Zwangsjacken, in die wir alle als Kinder hineingezwängt wurden. Der eine mehr der andere weniger.

Du kannst darauf vertrauen: Wenn Du Dich entscheidest, Dir in Deinen Tiefen zu begegnen, und mit deiner Aufmerksamkeit nicht mehr ständig nur im Außen bist, um Dein perfektes Gegenüber zu erkennen, dann kannst Du Dich darauf fokussieren, wer und wie DU in Deiner nächsten Partnerschaft (wie schon vorher erwähnt) werden möchtest. Dabei geht es vor allem darum, wie Du Dich als Dein neues Selbst erfahren möchtest. Das ist die kraftvollste Vision, die man für eine glückliche Partnerschaft aussenden kann. Das Feld reagiert nur auf die Gefühle, die wir zu unseren Visionen aussenden, um sie dann durch die entstehende Resonanz ins eigene Feld zu ziehen.

Anmerkung:
Hiermit möchte ich nicht behaupten, dass ich schon an diesem Punkt angekommen bin, nur noch im Frieden mit mir und der Welt zu sein. Jedoch hat sich in den letzten 25 Jahren des bewussten Arbeitens mit mir in meinen Schattenkellern sehr viel lösen dürfen, so dass ich mich innerlich immer freier fühle und mehr und mehr Herzensmenschen in mein Leben gezogen habe, die auf der gleichen Bewusstseinswelle unterwegs sind.

Mein Leben ist so bunt und lebendig geworden – eben mit all den Farben, die sich in mir Stück für Stück stetig weiter entfalten, sobald ich einen Schatten in mir integriert habe. Je mehr Widerstände wir aufbauen, desto grauer und bedrohlicher wirkt die Außenwelt, mit der Folge der uns manipulierenden negativen Emotionen. Das hat zur Folge, dass wir die wunderschönen Farben der Menschen mit ihrem individuellen Leuchten gar nicht mehr wahrnehmen können, die uns wiederrum in weitere Höhen inspirieren könnten.

Solch leuchtende Menschen, die einen Großteil ihrer Schatten-anteile bereits ins Licht geführt haben, nenne ich gerne Leuchtkugeln, denn sie sind in der Lage, durch ihr Licht andere anzuzünden, um sie auf den Leucht-Weg zu bringen.

Das ist meines Erachtens der Sinn, warum wir auf einem Planeten gelandet sind mit einer unfassbaren Zahl von über 7,95 Milliarden Menschen (Tendenz steigend)! Um uns gegenseitig mit unserem Licht und unseren Farben zu inspirieren, um uns zu helfen unser Wunder-volles Potential zu entdecken und zu leben – bis auch der Letzte von uns es geschafft hat.
Wie sähe die Welt von Morgen dann wohl aus....?

Die erstaunlichsten Erfahrungen, die ich in Bezug auf Partnerschaft machen durfte waren, dass jedes Mal, wenn Coco sich aufgrund einer unerwünschten Reaktion meines Partners zeigte und ich mich entschied, diese Emotion zu 100% zuzulassen, ohne dagegen zu reagieren, sich meist kurz danach eine neue Reaktion meines Partners in für mich

positiver Weise zeigte - wie ein Geschenk vom Universum mit der Info:
"Das hast Du super gemacht!".

Das war tatsächlich jedes Mal so! Wenn ich einen Widerstand in mir lösen konnte, zeigte sich danach eine überraschende Geschenk-Situation im Außen. Denn so kommuniziert das Universum mit uns. Es wirft uns Lektionen vor die Füße, die wir nehmen oder lassen können. Wenn wir sie annehmen, entsteht danach etwas ganz Wunder-volles. Wenn wir es nicht nehmen wollen, dann zieht sich die gegebene Chance der Heilung wieder in unsere Tiefen zurück, um sich beim nächsten Mal womöglich viel lauter bemerkbar zu machen. So lange und so oft, wie es nötig ist, uns dazu zu bewegen, endlich hinzufühlen. Somit können wir ganz entspannt sein. Das Leben sorgt dafür, dass wir unseren Keller aufräumen – mit seinen Liebe-vollen Arschtritten. Wir können uns also ganz entspannt zurücklehnen, atmen und beobachten, was auf unserer Lebensbühne passiert.

Es gibt aber noch eine andere Möglichkeit, unseren inneren Keller aufzuräumen: indem wir uns ganz bewusst regelmäßig Zeit nehmen, um uns in unseren tiefsten Tiefen zu begegnen. Hervorragend eigenen sich hierfür Selbsterfahrungsseminare, in denen man innerhalb eines geschützten Rahmens Raum und Zeit hat, seine unbewussten, blockierenden Themen zu aktivieren.

Innerhalb einer Gruppe geht das natürlich viel schneller, denn da haben wir ja unsere besten Spiegelungen vor der Nase. Man kann es natürlich auch in seinem stillen Kämmerlein tun, ist aber schwieriger – außer man hat sich dafür im Vorfeld schon trainiert – und es frohlockt nur so von Selbstverarschung, da unser DramaLama auch schlau ist und uns Illusionen vorgaukelt, ein tiefes Thema erkannt zu haben, welches jedoch nur die Oberfläche des tiefen Eisbergs ist und somit davon ablenkt noch tiefer in die Selbst-Konfrontation zu gehen.

Die tiefsten Heilungen durfte ich in solchen Selbsterfahrungs-gruppen erfahren, die ich über viele Jahre regelmäßig besucht habe. Bevorzugt in Gruppen, wo sich Menschen treffen, die sich auf einer ähnlichen Bewusstseinsebene befinden wie ich. Denn da findet man die authentischsten Menschen, die auch den Mut haben, Dir klar die Themen vor Augen zu halten. In solchen Gruppen habe ich meine tiefsten und längsten Freundschaften gefunden, die in der Lage sind, mir den Spiegel aufzuzeigen, sollte ich mal wieder an einem blinden Fleck feststecken, und mir einen liebevollen Popotritt zu geben, weiter in die Tiefen meines Seins vorzudringen.

Solche Freunde und Weggefährt*innen sind Gold wert! Wahrhaftigkeit ist die allerschönste und kraftvollste Form, sich mit dem Herzen zu begegnen. Dadurch entsteht das Vertrauen, sich voll und ganz zeigen zu dürfen – ohne beurteilt zu werden. Das allerallergrößte Geschenk überhaupt!

HINGABE

Es ist Sonntag. Ich bin gerade neben meinem Liebsten erwacht, als Coco sich meldete: „Das ist mir jetzt gerade alles zu viel und zu nah! Ich muss jetzt sofort hier weg. Ich brauche meinen Freiraum!" und ich fühlte den Impuls zu flüchten. Ich spürte einen starken inneren Widerstand, jetzt hier neben ihm liegenzubleiben statt Zeit mit mir alleine zu verbringen.

Dieses Nähe-Distanz-Thema kenne ich schon sehr lange und ich habe damit auch schon unzählige Male auf verschiedenste Art und Weise daran gearbeitet. Mit großem Erfolg, denn sonst hätte ich mich auf diese Partnerschaft so niemals eingelassen. Mir vertraut waren eher Verbindungen zu Männern, denen ich hinterherrennen musste, um ihre Aufmerksamkeit zu gewinnen – was sehr viel Energie verbrauchte, echt anstrengend war, und zusätzlich noch die Tendenz beinhaltete, mich dabei selbst zu verlieren.

Dieses Mal war das jedoch ganz anders. Mario ist ein Mensch, der einfach da ist, und ganz offen zeigt, was er für mich empfindet. Er schenkt mir seine volle Aufmerksamkeit und weiß, mit mir - als kleines Wildpferd - bewusst und liebevoll umzugehen. Ich spüre keine Erwartungen, die in anderen Verbindungen sehr schnell meine Rolläden haben runterrasseln lassen. Im Gegenteil: er gibt mir Raum für alles, was mir wichtig ist und hat schon selbst so viel an sich gearbeitet, dass er nicht mehr an mir ziehen muss, um seine Bedürfnisse zu befriedigen. Das fühlt sich so frei an.

Er kann - wie ich auch - einfach gut mit sich alleine sein und sich seinen Projekten zuwenden, die er in die Welt tragen möchte. So habe ich mir in meiner Vision immer eine erfüllende Partnerschaft vorgestellt, aber bisher nicht erfahren dürfen. Allerdings werde ich jetzt, wo es endlich soweit ist, plötzlich mit der Fülle konfrontiert, die meinen inneren Mangel erst richtig zur Geltung bringt.

Das ist wirklich absurd! Wir wünschen uns immer das, was wir nicht haben. Bekommen wir es dann, dann können wir es meist nicht annehmen, da die Programmierung des Mangels ja immer noch aktiv ist.

Man kann also durch das Gegenüber als Spiegel aktiviert werden, indem man sich jemanden als Partner aussucht, der sich so verhält, dass mir meine Bedürftigkeit bewusst wird oder ebenso durch einen Partner, der mir genau das gibt, was ich mir immer gewünscht habe, es aber kaum zulassen kann, da mein inneres System ja durch die bisherige Bedürftigkeit programmiert war, und durch das Gegenteil im Außen nun irritiert und aktiviert wird.

Was für ein ver-rücktes, aber auch perfektes Spiel des Lebens. Sich genau den „richtigen" Partner auszusuchen, der exakt meine Punkte aktiviert, wie ich auch die seinen. Wofür strengen wir uns denn eigentlich immer so an? Die Bühne des Lebens sorgt doch für uns, immer das oder den Richtigen vor die Nase gesetzt zu bekommen, um zu wachsen.

Coco hatte diesmal gewonnen. Ich war mit seiner Angst und seinem Fluchtgefühl identifiziert und konnte den Raum dazwischen nicht halten. Ich musste mir Raum im Außen verschaffen - wenigstens für 10 Minuten- und so ging ich ins Bad, um wenigstens kurz mal mit mir alleine sein zu können. Dann entstand in mir Klarheit, indem ich erneut in Kontakt mit Coco ging, diesmal aber als Beobachter. Ich entschied mich fokussiert, jetzt auf der Gefühlsebene da durchzugehen. Ich ging also zurück ins Schlafzimmer, legte mich ganz eng an Mario und fühlte ganz bewusst den Widerstand, der sich in mir aufbäumte. Ich fühlte und fühlte und fühlte, ohne in eine Widerstandsreaktion zu gehen – so lange, bis ich spürte, dass es sich veränderte. Endlich löste sich der Widerstand und stattdessen machte sich ein Gefühl von Liebe und Dankbarkeit breit. Ich hatte es mal wieder geschafft!

Und ja! Es ist nicht einfach, sich für das Fühlen von unangenehmen Emotionen zu entscheiden. ABER! Um unser inneres Gefängnis wieder ein Stück zu erweitern, um mehr Platz darin zu haben, lohnt es sich allemal, es immer wieder zu tun.

Natürlich macht es auch Sinn, sich bewusst zu werden, wen man in diesem Moment aus seiner Kindheit im Verhalten kopiert.
Bei mir war es meine Mutter, die generell nicht viel Nähe geben und zulassen konnte. Aber wenn sie sie brauchte, holte sie sie sich einfach und hielt mich solange fest, bis sie genug hatte. Ich empfand das immer als total übergriffig und unangenehm.

Auf der anderen Seite liebte ich meinen Vater abgöttisch, der jedoch beruflich bedingt nur selten zu Hause war. Somit programmierte sich in meinem Unterbewusstsein, dass eine Liebe zu einem Mann mit Sehnsucht und Distanz verbunden ist.

Das, gepaart mit der übergriffigen Nähe meiner Mutter, ergab ein Konglomerat, dass sich heute durch Coco immer wieder versucht, auf emotionaler Ebene zu entladen. Die Voraussetzung ist dabei jedoch, dass ich es zulasse, sonst stagniert die Energie erneut in meinem System, um bei der nächsten Gelegenheit wieder die Chance zu ergreifen, sich zu zeigen. Sich dann aber im Grad des unangenehmen Fühlens weiter verstärkt. Je früher wir uns also darum kümmern, desto leichter könnte es werden.

Übung:

Mache Dir bewusst, wie Du früher die Beziehung zu Deinem jeweiligen Elternteil erlebt hast.

Welches Muster erkennst Du heute bei Dir in Bezug auf Partnerschaft? Wo erkennst Du Wiederholungen?

Wann lebst Du den Part aus Deiner Kindheit in Bezug auf Deine Mutter aus und wann auf Deinen Vater innerhalb Deiner jetzigen oder den früheren Partnerschaften?

Immer, wenn Du in Kontakt bist mit Deinem Partner/Deiner Partnerin, beobachte, wann sich ein innerer Widerstand zeigt und schreibe ihn auf. Falls möglich, lasse Dich voll und ganz auf das Gefühl ein, bis es sich vollkommen in Dir entladen hat.

Jedoch ganz wichtig: ohne darauf im Außen zu reagieren. Du wirst überrascht sein, wie es sich danach anfühlt.

UNTERWEGS MIT WORK & TRAVEL

Schon so lange wollte ich diesen Testballon fliegen lassen - mit meinem Puck unterwegs zu sein und dabei zu arbeiten.

Coco versuchte mich mal wieder, von solchen Erfahrungen abzuhalten, um mich zu beschützen. Dafür hat er sich die unglaublichsten Geschichten einfallen lassen, so dass ich diese Erfahrung immer wieder vor mir hergeschoben habe. Es ist wirklich unglaublich! Er erzählte mir Geschichten, wie: "Du als Frau alleine - das schaffst Du doch nie!" - und das obwohl ich schon zweimal alleine unterwegs war: einmal in Kanada mit einem Camper Van und letztes Jahr in Norwegen mit meinem Puck. Trotz der gemachten Erfahrungen hatte Coco solch eine Macht über mich, dass ich mich wirklich nicht noch einmal traute, es wieder zu tun.

Eine andere Geschichte war: "Du kannst doch Deine Mutter nicht so lange im Pflegeheim alleine lassen!" Puuuh! Da wurde mir erst mal richtig bewusst, wie ich mein Leben auf das meiner Mutter ausgerichtet hatte. Gar nicht gut! Denn ich weiß, dass meine Mum das so niemals gewollt hätte!

Wir alle werden eines Tages damit konfrontiert werden, dass unsere Eltern alt sind und eventuell nicht mehr selbst für sich sorgen können. An diesem Punkt sollte man meiner Ansicht nach sehr bewusst sein, denn schnell greifen in uns uralte Schuldmuster und gaukeln uns vor, dass wir jetzt unser Leben komplett zurückstellen müssen, um für unsere Eltern da zu sein. Es kann natürlich sein, dass das genau jetzt für Dich ansteht. Jedoch kann es auch sein, dass Du Dich aufgrund von

Schuldgefühlen aufgibst, um eine gute Tochter oder ein guter Sohn zu sein, um endlich doch noch die Chance, die Aufmerksamkeit und Wertschätzung zu erhalten, die Du Dir schon immer von Deinen Eltern gewünscht hast.

Ich beobachte in diesem Bezug gerne die Natur. Nirgendwo gibt es bei den Tieren die Situation, dass die Kinder sich später um ihre Eltern kümmern. Im Gegenteil. Die Kinder werden förmlich aus dem Nest geschubst, wenn es an der Zeit ist, alleine ins Leben zu springen. Da gibt es später kein Zurückkommen um die familiären Pflichten zu erfüllen.

Das ist doch seltsam, oder? Wir sind doch genauso ein Teil der Natur. Wann wurden uns nur diese ganzen Pflichtprogramme eingepflanzt und wo würden wir heute stehen, wenn es das nie gegeben hätte?

Ich meine damit nicht, dass es uns egal sein sollte, was mit unseren Eltern im Alter passiert. Nein. Jedoch muss nicht alles an uns hängen bleiben, so dass wir alle unsere Lebenspläne dafür einschränken oder aufgeben müssen. Wir können auch die Verantwortung übernehmen, indem wir uns darum kümmern, dass für unsere Eltern gut gesorgt wird und sie sich wohl fühlen.

Zurück zu meiner Geschichte:
Das Schöne ist, seitdem ich ganz klar die innere Entscheidung gefällt habe es trotzdem zu tun, einfach mal 3 Wochen unterwegs zu sein, waren alle Engel und Helfer*innen parat, um mich in dieser Zeit zu vertreten. Diese Erfahrung durfte ich schon so oft machen. Immer, wenn ich mich für mich und

meine Herzenswünsche entschieden habe, ebnete sich der Weg unter meinen Füßen.

Als Erwachsene haben wir die Möglichkeit aus all unseren Geschichten auszusteigen, um unsere eigenen Erfahrungen zu machen und unsere Geschichten neu zu schreiben. Ich weiß, dass viele Menschen die gleichen Freiheits-Sehnsüchte haben wie ich. (Wobei ich unter Freiheit nicht die Freiheit im Außen verstehe, sondern die Freiheit in meinem Geist, immer entscheiden zu können, ob ich mich von Coco delegieren lasse oder von meinem Herzen.)

Vor allem viele Frauen neigen tendenziell mehr als Männer dazu, sich gewisse Freiheiten nicht zu erlauben und lassen sich noch abhalten, ihre Wünsche zu leben. Wir finden immer wieder Ausreden, es NOCH NICHT zu tun! In meinem Fall waren es die Erwartungen und Pflichtgefühle an mich selbst, die ich meinte, nicht enttäuschen zu dürfen.

Wenn wir uns das jedoch mal klar machen, dass das die einzigen Gründe unserer Selbst-Versklavung sind, und wir uns damit unser eigenes Gefängnis gebaut haben, bekommen wir die Möglichkeit, aus diesen Zwängen auszusteigen, unser eigener Beobachter zu werden und unser DramaLama als Lebens-Lern-Begleiter zu akzeptieren. Wir lassen dann jedoch nicht mehr zu, dass es auf unserem Thron sitzt und uns regiert. Es ist nicht einfach auszusteigen, ich weiß. Aber der Prozess dranzubleiben lohnt sich!

Ich kann Dir gar nicht sagen, mit welcher Dankbarkeit und Liebe gegenüber dem Leben ich jeden Morgen hier unterwegs in den Tag gehe. Das ist für mich LEBEN! Ohne Plan und ohne zu wissen, was heute auf mich wartet - abgesehen natürlich von den vereinbarten Terminen am Telefon oder Zoom. Mit diesem Abstand zu meinem vorherigen Käfig finde ich es total absurd, das Vorher als normal betrachtet zu haben. Täglich in Betonwänden zu sitzen - völlig abgeschnitten von der Natur - bei schönstem Wetter und meine To-Do-Listen abzuarbeiten. Völlig ferngesteuert.

Hier unterwegs arbeite ich auch, aber es fühlt sich anders an, da sich hier meine gelebten Herzenswünsche mit meiner Arbeit verbinden. Und draußen arbeiten zu können, ist für mich sowieso das Schönste, was es gibt. Einfach mal Erfahrungen machen und dann schauen, wohin die Reise gehen soll. Eine Empfehlung: schau, dass Du Dich nicht nur auf ein finanzielles Standbein verlässt.

Wie wir es ja die letzten 3 Jahre erfahren haben, kann das ganz schnell zusammenklappen. In dieser neuen Zeit gibt es so viele wunderbare Möglichkeiten, sich auf mehreren Standbeinen aufzustellen. (Wie schon zuvor erwähnt) Das hat mir nun ermöglicht, auf diese Weise unterwegs zu sein. Ortsunabhängig und mit Menschen, die ich mir für eine Zusammenarbeit aussuche. Und das sogar international! Es macht wirklich riesige Freude und schenkt so viel Freiraum, nach dem ich mich immer gesehnt haben.

Es ging mit meinem Puck im Schlepptau also wieder los: diesmal in Richtung Südtirol. Ich hatte mir dort ein paar Campingplätze auf der Karte markiert, die sich in einer schönen Lage mitten in der Natur befanden. Und da gibt es wirklich viele!

Auf dem Weg dorthin musste ich den Brenner passieren. Eine Autobahn, die Österreich mit Italien verbindet. Ich fuhr so vor mich hin, summend zur Musik aus dem Radio, als plötzlich der Verkehr auf der rechten Spur erlahmte und schließlich zum Stillstand kam. Auf meiner Spur standen ausschließlich LKWs in einer scheinbar unendlich langen Schlange. Ich entdeckte ein Schild mit der Info, dass sich die LKWs und Autos mit Anhänger auf der rechten Spur halten sollten. Ich ärgerte mich darüber, denn es war schon spät und die Dämmerung brach langsam herein.

Eigentlich wollte ich noch vor Einbruch der Dunkelheit an meinem Ziel ankommen, da ich nicht so gerne in der Dunkelheit mit Anhänger unterwegs bin - vor allem nicht, wenn es dann am Zielort um das Einparken an meinem angemieteten Platz ging.
Ich überlegte hin und her, ob ich es wagen sollte, aus der Reihe zu tanzen.

Da meldete sich Coco: "Hey, bist Du übergeschnappt? Du kannst doch nicht die Regeln ignorieren. Hier sind mit Sicherheit überall Kameras aufgestellt, um die Straße zu überwachen. Die Polizei wird uns anhalten und uns ins Gefängnis stecken oder mit so hohen Summen bestrafen, dass wir uns den Rest der Reise gar nicht mehr erlauben können. Wir müssen uns an die Regeln halten."

Ich beobachtete sein Geplapper und erinnerte mich an meine Kindheit und Jugend, wo ich mich niemals traute, die Regeln meiner Eltern zu ignorieren. Vor allem hatte ich damals Angst vor der Reaktion meines Vaters, da er diesbezüglich eine autoritäre Wirkung auf mich hatte, und ich ihn nie enttäuschen wollte. Das ist doch mal wieder interessant, dass dies hier eine ähnliche Emotion in mir hervorholte wie auch damals als Kind.

Ich entschied ich mich ganz klar, es diesmal anders zu tun und die eventuelle Gefahr der Strafe auf mich zu nehmen. Ich habe keine Lust mehr, mich immer an die vermeintlichen Regeln zu halten. Vor allem nicht, wenn sie für mich keinen Sinn ergeben.
Ich wandte mich an Coco:"Hab keine Angst. Ich bin bei Dir. Ich passe auf Dich auf." Dabei spürte ich ins Zentrum der Angst und stellte mir vor, wie ich meinen verletzten Kinderanteil langsam in mein Herz atmete und damit in mein Mitgefühl. Eine warme Geborgenheit breitete sich in meinem Körper aus.

Mittlerweile waren mehrere Autos mit Campinganhänger an mir auf der Überholspur vorbeigefahren, was mich in meiner Entscheidung bestätigte. Ich gab also Gas und lenkte mein Auto mit Puck auf die linke Spur mit einem Gefühl der Befreiung. (Ist doch echt lustig, durch welche kleinen Schritte man seine Programmierungen verlassen kann, die sich später auch noch in anderen Facetten auswirken werden.)

Während ich voller Freude auf meiner freien Spur all die unzähligen, immer noch stehenden LKWs überholte, erschien mir plötzlich ein Regenbogen – mitten in einer absoluten grauen Wolkenfront. „Wow!" dachte ich und war berührt. Als ob mir von einer anderen Ebene ein Zeichen gesendet wurde mit der Info: "Das hast Du gut gemacht!"

Grinsend fuhr ich weiter, ohne angehalten zu werden, und kam schließlich an einem wunderschönen Ort auf einer Hochebene an, zwischen kraftvollen Bergen und bezog meinen Platz. Das Schönste am Camping ist für mich die Nähe und Verbundenheit mit der Natur. Ich bin hier so viel draußen - egal bei welchem Wetter - und genieße das Gefühl bis in jede Zelle. Nach einem wärmenden Tee legte ich mich schlafen und freute mich auf die nächsten Tage voller neuer Abenteuer.

Ich hatte mich auf dieser Reise mit lieben Freunden verabredet, die ich unterwegs besuchen wollte. Ich machte mich also drei Tage später auf den Weg zur Weiterfahrt, die ganz entspannt verlief, bis zu einem Punkt kurz vor meinem Ziel. Laut Navi sollte ich in eine sehr kleine Straße innerhalb meines Zieldorfes einbiegen, was sich schon komisch anfühlte, da es mich von der Hauptstraße wegführte.

Leider zu spät registrierte ich, dass ich mich auf einer Zubringerstraße zu einem Haus befand. „Super!" dachte ich. „Jetzt ist es zum ersten Mal passiert! Jetzt darfst Du Deine Rückfahrkünste zeigen." Mir wurde heiß. Bisher hatte ich es immer erfolgreich vermieden, mit dem Auto plus Anhänger rückwärtsfahren zu müssen, denn das hatte ich nie gelernt oder geübt. Ich wollte immer einen ADAC-Kurs dazu machen, aber bisher hat dieser Kurs leider nur in meinem Kopf stattgefunden.

Coco meldete sich: "Jetzt wird es richtig peinlich! Alle aus dem Dorf werden es weitererzählen, wie doof wir uns angestellt haben und sich vor Lachen den Bauch halten, wie man nur so naiv sein kann, mit einem Anhänger unterwegs zu sein, ohne ihn rückwärtsfahren zu können." Ich antwortete: "Ja, ich weiß. Aber ich kann es jetzt nicht mehr ändern. Machen wir daraus doch einfach ein Erfahrungsspiel mit Spaß dabei."

Ich drehte zur Unterstützung die Musik voll auf, nahm meinen Mut zusammen und legte den Rückwärtsgang ein. Hätte mich jemand von oben beobachtet, hätte er sich mit Sicherheit seinen Bauch vor Lachen gehalten. (Das hätte ich vermutlich auch....)
Ich kurbelte mal nach rechts, mal nach links – so ganz ohne Plan, und es wurde immer schlimmer. Schließlich verhakte sich die Achse des Wohnwagens im 90 Grad Winkel, so dass ich ihn nur noch in eine Richtung lenken konnte.

Es war ein Spektakel von vor und zurück, vor und zurück - keine Ahnung, wie oft -, bis ich schließlich aufgeben musste. Mir wurde klar, dass ich ohne das Wissen, wie man das Lenkrad drehen muss, keine Chance auf einen Erfolg haben konnte, damit mein Puck das macht, was ich möchte. In mir stieg ein Gefühl der Scham auf, weil ich keine andere Wahl hatte, als meinen Bekannten zu Hilfe zu rufen.

Zum Glück wohnte er mit seiner Familie nur ein paar Meter Fußweg entfernt. Während ich auf ihn, nach meinem Hilferuf, wartete, widmete ich mich meinem Schamgefühl und erlaubte ihm sich voll und ganz in mir zu entfalten. Es wurde immer größer, bis es schließlich leichter wurde, und sich stattdessen ein wohliges Gefühl in mir ausbreitete.

Dann kam Patrick und nach einer kurzen Begrüßung versuchte er, für mich das Problem zu lösen. Aber auch er war nicht erfahren, mit Anhängern zu rangieren, und nach weiteren Rückwärts-Fahr-Versuchen gab auch er lachend auf, um seinen Nachbar um Hilfe zu fragen. Ich war erleichtert. „Siehst Du", sagte ich zu Coco, „auch er konnte mit einem Anhänger nicht rückwärtsfahren. Es hat also nichts mit „zu doof sein" zu tun, sondern damit, ob man es schon mal gelernt hatte oder nicht." Ich konnte mir ein Grinsen nicht verkneifen. Und genau in diesem Moment löste sich das Schamgefühl vollständig auf!

Erst der zweite Nachbar konnte uns schließlich helfen und ich hatte das Gefühl, bereits das ganze Dorf kennengelernt zu haben, obwohl ich doch gerade erst angekommen bin. Wir hatten anschließend noch ein paar schöne Tage, während ich auf dem Grundstück von Patricks Familie campieren und von dort aus zu wunderschönen Bergtouren aufbrechen konnte. Wieder einmal bestätigte sich das Gesetz: Wenn Du um Hilfe bittest, ist sie immer da. Ein echt schönes und beruhigendes Gefühl.

Die drei Wochen vergingen wie im Flug, und ich durfte die Erfahrung machen, wie leicht doch das Leben sein kann, wenn man z.B. am Tag nur drei bis vier Stunden arbeitet, um danach in einen kühlenden See zu springen oder vorher oder nachher eine Wanderung zu machen. Das Arbeiten mit dem Leben verbinden, ist für mich wahre Lebensqualität, die ich in

Zukunft noch weiter ausbauen werde. Oh ja! Dieser Plan gefällt mir sehr.

NUTZE DIE FREQUENZEN BEWUSST

Wusstest Du, dass Du Dir alles erschaffen kannst, was Du möchtest? Ich meine damit das Visionieren aus dem Nullpunktfeld heraus - aus dem Raum der unendlichen Möglichkeiten, in dem wir uns Tag und Nacht bewegen, ohne bewusst Kenntnis darüber zu haben. Es ist das Quantenfeld, in dem sich unser Geist befindet. Verbunden mit unserem Gehirn, das wie ein Informationsempfänger agiert, verarbeitet es die Informationen in Form von Frequenzen.

So wird z.B. eine neue Idee geboren, die sich mit allen Mitteln, die uns hier auf der Erde zur Verfügung stehen, zu materialisieren versucht.

Solch eine Erfahrung durfte ich schon mehrmals in meinem Leben machen. Und je öfter und intensiver ich mich darin übe, desto besser und genauer sehen meine Ergebnisse aus.

Früher hatte ich z.B. aalglatte Spaghetti-Haare. Dann traf ich nach vielen Jahren eine alte Schulfreundin wieder, die ich um ihre wunderschönen lockigen Haare beneidete. Daraufhin visionierte ich mir, auch eines Tages solche schönen Locken zu haben.
Und pling: der Wunsch wurde mir ein paar Jahre später erfüllt. Das hat mir sogar mein Friseur bestätigt.

Würden wir an unsere Kräfte und Möglichkeiten glauben, dann sähe die heutige Welt mit Sicherheit ganz anders aus. Jeder Gedanke, der jeweils eine Frequenz hat, kreiert im Körper eine Emotion. Durch die Emotion wird unser Feld stets neu erschaffen. Von welchem Umfeld wir umgeben sind, hängt also davon ab, welche Emotionen immer und immer wieder ins Quantenfeld gesendet werden.

Mit dem Forschungsergebnis der Wissenschaftler, dass wir täglich über 60.000 Gedanken produzieren und unbewusst aussenden, empfinde ich das als etwas Erschreckendes, denn ich kann mir diese hohe Anzahl noch nicht mal vorstellen.

Eine Lektion, die ich lernen durfte, ist, sich bewusst vor Augen zu halten, dass die Welt, so kaputt, vergiftet, eng und zerstörerisch, wie sie heute erscheint, das Produkt sich potenzierender Gedanken und ausgesendeter Emotionen ist, die wir ALLE zusammen kreiert haben. Dies aber nicht auf unserer bewussten Ebene, sondern durch unseren unbewussten Schattenkeller. Weil wir ihn noch nicht aufgeräumt haben und gar nicht wissen, was darin alles leise schlummert, sich aber nach außen hin unfassbar kraftvoll auswirkt.

Überprüfe doch mal, wie oft, und bei welchen Punkten Du zur Zeit in Resonanz mit dem Außen gehst in puncto Regierung/Politik, Verhalten von Mensch, hohe Arbeitsbelastung, Finanzthemen etc. Und dann schau mal, welche Spiegel und Parallelitäten Du in Dir zu Deinen Gedanken erkennst, bzw. zu der Qualität Deiner Gedanken herstellen kannst.

Wie oft mäkeln wir an unseren Partnern herum, dass sie dies und das ändern sollten, damit wir uns mit ihm/ihr wieder wohlfühlen können und manipulieren ihn oder Sie, um das zu bekommen was wir jetzt brauchen? Was ziehen wir dadurch im Außen an? Natürlich uns manipulierende Situationen. Welche Situationen fallen Dir dazu ein?

Oder wie oft hegen wir Kriegs-, Hass- oder Spaltungsgedanken gegen jemand anderen oder uns selbst? Die Folge ist die Materialisierung des Kriegs, Hasses oder der Abspaltung im Außen und im Inneren.

Oder wir ziehen immer noch an unseren Eltern herum, dass sie uns in unseren Bedürfnissen befriedigen sollen, was sie aber nicht können, da sie diesen Mangel ja selbst in sich tragen. Wir aber beschweren uns darüber, dass sie immer noch nicht in der Lage sind, uns so anzunehmen, wie wir sind. Überprüfe doch mal, ob Du Deine Eltern mit all ihren Mängeln so annehmen kannst, wie Du es Dir von ihnen wünschst.

Es können aber auch Gedanken gegen uns selbst sein: „Ich gehöre nicht dazu/ich bin nicht gut genug" etc.
All diese sich wiederholenden Gedanken und Emotionen kreieren das Feld im Außen. Solange wir zu diesen Schmerzpunkten nicht hinsehen und sie durchfühlen, wird sich meiner Erfahrung nach auch im Außen nichts ändern.

Es ist doch ganz phantastisch, dass wir die Möglichkeit vom Leben erhalten haben, uns durch das Außen im Inneren kennenzulernen. Ohne den Spiegel im Außen wäre das gar nicht möglich.

Nochmal zur Erinnerung: Gehe auf die Suche, wann, womit und mit wem Du in Resonanz gehst. Und schon öffnet sich Dir dadurch die Kellertüre, um mit Deinen vergessenen und abgespaltenen (Kinder-)Anteilen in Kontakt zu gehen.

Übung

Entscheide Dich, übernimm Verantwortung und gehe auf die innere Suche nach den Gedanken und Emotionen, die dem entsprechen, wo Du mit dem Finger auf andere zeigst und sie verurteilst. Dann lasse die dazugehörigen Emotionen voll und ganz zu. Es fühlt sich manchmal wie ein inneres Verbrennen an - das ist dann die Transformation. Also ganz normal.

Es reicht, sich dreißig Minuten auf der Uhr einzustellen, sich ganz still hinzulegen oder hinzusetzen und sich nicht mehr zu bewegen/zu reagieren. Die Augen bleiben geschlossen und die gesamte Zeit über bleibt der Fokus auf der fühlbaren Emotion, während man auch die Atembewegungen spürt. Dann geht es in den Kontakt mit dem verletzten Kinderanteil, der sich durch die aufsteigende Emotion bemerkbar macht.

Diesen ziehen wir dann mit der Atmung ins Herz und lassen ihn im Mitgefühl baden. Dadurch lassen wir den Widerstand gegen die aufsteigende Emotion los, geben uns dem hin und können es transformieren. Probiere es mal aus. Es lohnt sich!

Was dabei rauskommt?

Eine unglaubliche innere Freiheit (weil Du dann nicht mehr mit dem Thema in Resonanz gehst) und unzählige Geschenke, die Du Dir jetzt noch gar nicht vorstellen kannst. Immer, wenn wir einen Schritt auf das Universum zugehen, kommt es mit 10.000 Schritten auf uns zu und unterstützt uns, indem es den Weg unter unsere Füße schiebt. Worauf warten wir also noch?

MEXIKO

Das Leben hält für uns immer wieder Überraschungen bereit, die man sich vorher so nie hätte träumen lassen.
Ich sitze nun hier an einem Traumstrand in Mexico und muss immer wieder schmunzeln, wie das Leben mich hierhergetragen hat. Bis dato habe ich solche weiten Reisen meist gemieden, weil Coco mir die Geschichte der Angst erzählt hat, das sei zu gefährlich. Das hatte ich bereits in früheren Kapiteln erwähnt.
Mal Hand aufs Herz: Wie oft hast Du Dir schon Geschichten erzählen lassen, die Dich davon abgehalten haben, Dinge zu tun, die Dein Herz jedoch sehr gerne erfahren hätte?
Ich mir definitiv viel zu oft!

Das spüre ich nun in meinem Hier-Sein: das Gefühl von Abenteuer und von Neugierde, weil alles um mich herum völlig unbekannt und neu erscheint. Das ist für mich pure Lebendigkeit - endlich mal wieder raus aus den ewig bekannten und ferngesteuerten Rhythmen, die uns stetig im Funktionier-Modus halten. Wollen wir so wirklich als ungelebter Zellhaufen in die Gruft steigen?

Bei diesem Gedanken beginnt in mir einfach nur alles zu schreien "Neeeiiiin!"

Also... einfach mal anders machen als sonst - könnte ja gut werden. Und sich vor allen Dingen Zeit-Räume nehmen, um zuzuhören, was uns das Leben durch unser Herz zuflüstern möchte. Wenn wir uns den ganzen Tag mit Trilliarden von Infos beschallern, ist doch gar kein Durchkommen mehr! Das wäre wie Steckenbleiben im Stau auf der Autobahn, wo keine Rettungsgasse freigelassen wurde, und der Rettungswagen einfach keine Möglichkeit hat, sein Ziel zu erreichen.

Und dann haben wir die Chance, die uns geschenkt wurde, eventuell verpasst. Dann müssen wir erneut die wohlvertrauten Kreise ziehen, bis sich ein neues Chancen-Fenster öffnet - was für eine verschenkte Lebenszeit! Aber letztendlich muss das natürlich jede*r für sich entscheiden, wann er/sie wo, wie und wann ankommen möchte....

Ohne gesetztes Segel ist es jedoch für den Wind schwierig, uns in unserer Nussschale an einem Ziel ankommen zu lassen.

Also, wie setzt Du Deine Segel? Wie richtet Du Dich aus für die nächsten 5-10 Jahre? Wer willst Du werden? Und wo willst Du sein? Wie fühlst Du Dich dann an?

Ich jedenfalls bin gespannt, wohin die Reise noch gehen wird.

ERFAHRUNGSDURST

Wer mich kennt, weiß, dass ich ein absoluter Freigeist bin, der es liebt, alleine und mit ungeteilter Aufmerksamkeit auf Reisen zu sein, um das Leben in seiner Intensität erfahren zu können. Das ist in dieser Qualität für mich unmöglich, wenn ich mit Menschen zusammen reise.

Deshalb kombiniere ich gerne meine Geschäftsreisen, wie diese, die mich gerade nach Mexico geführt hat, und bin nun für einige Tage alleine nach Mexico City weitergeflogen.

Viele kommentierten das mit Erstaunen und Kommentaren, wie: "Das ist doch viel zu gefährlich! Dort herrscht doch eine sehr hohe Kriminalitätsrate. Und dann auch noch alleine als Frau!" Natürlich mussten mir diese Kommentare begegnen, denn genau das waren ja auch meine Gedanken und Gefühle von Coco.

Die eigenen Gedanken zusammen mit den dabei ausgesendeten Emotionen kreieren ja das aktivierende Resonanz-Feld um uns herum. Ich beobachtete dabei meine aufsteigenden Ängste und entschied mich genau deshalb, es zu tun: Damit mich meine Ängste in dieser Hinsicht nicht mehr manipulieren können, und mich eines Tages nur noch mit der Geschichte im Kopf in einem Hasenstall bewegen lassen, so sei es doch am Sichersten!

So kann Dir nichts passieren! Aber will ich wirklich diese vermeintliche Sicherheit mit einem lebendigen, erfüllt und erfühltem Leben mit dem größten Ausmaß an Persönlichkeitswachstum tauschen? Never ever! Definitly not!

Diese kurze Zeitspanne, die wir hier auf Erden für unsere Erfahrungen als fühlender Mensch geschenkt bekommen haben, beinhaltet für mich unendlich viele Wert-volle Möglichkeiten des inneren Wachstums, in denen ich mit jeder aufsteigenden Emotion erkennen kann, was ich nicht bin, weil ich mich ggf. mit einer Geschichte meiner Vorfahren oder aus meiner Kindheit identifiziert habe, die mir vorgaukelte, dass die Realität, die ich gerade in diesem Moment erfahre, echt sei.

Dabei schaue ich ja die ganze Zeit nur durch meine Projektionsbrille, und erst wenn ich mich diesen Emotionen (den fühlbaren Projektionen) stelle, bin ich in der Lage, die Wahrheit aufzudecken und aus meinem inneren Gefängnis wieder einen Schritt mehr herauszutreten.

Heute Morgen z.B. bin ich in meinem Hotelzimmer In Mexico City aufgewacht, mit einem Gefühl von Zurückgelassensein in einer gefährlichen Umgebung, wo ich niemanden kenne und mir im Notfall keiner helfen kann. Es fühlte sich an, wie ausgesetzt zu sein, und ich fühlte eine große Bedürftigkeit nach Geborgenheit. Es war eine Reaktivierung von Emotionen meiner Kindheit, wo ich mehrfach erfahren habe, dass meine Mutter mich im Kaufhaus einfach vergessen hatte, weil sie so abgelenkt war.

Es kam mehrmals vor, dass ich mich hilflos fühlend an eine Kassiererin wandte, die dann meine Mutter per Lautsprecher ausrufen ließ: „Frau Egermann, bitte holen sie ihr Kind an der

Kasse 3 ab". Damals fühlte ich mich auch wie ausgeliefert und nicht mehr überlebensfähig.

Mittlerweile bin ich dankbar für diese aufsteigenden Emotionen, denn erst, wenn sie fühlbar sind, kann ich mit ihnen arbeiten und sie wieder in mein System integrieren, statt sie in meinem tiefsten Keller zu verbannen, weil ich sie nicht fühlen will.

Zur Erinnerung:
Dummerweise wirken unsere unterdrückten Emotionen aus den unbewussten Tiefen noch viel stärker und kreieren im Außen ständig Konfrontationen, die ebenso eine Reaktivierung auslösen. Nur ist es uns meist nicht bewusst, und wir reagieren sofort wieder in Form der Verdrängung.

Wenn wir öfters Dinge tun oder Unternehmungen machen würden, die außerhalb unserer bekannten und vertrauten Komfortzone liegen, dann hätten wir auch die Chance, schneller an unsere verdrängten Emotionen zu kommen. Tun wir dies nicht, bleiben wir in unserer Komfortzone verhaftet, haben jedoch auch wenig Chancen, etwas Neues hinzuzulernen, und die Gefahr ist größer, dass unsere To-Do-Listen und unser All-Tag uns einnehmen, weil wir Menschen dazu neigen, uns in gewohnten Mustern und Wiederholungen aufzuhalten. Das hat etwas mit unserem Nervensystem zu tun, das neue, potentiell unsichere Situationen nicht so gern hat. Alles soll lieber bekannt und sicher sein.

Ich habe mich heute wieder fürs Durchfühlen entschieden - was natürlich nie leicht ist -, aber danach entsteht in mir jedes

Mal ein neuer Raum, der mit Kreativität gefüllt werden möchte. Das passiert dann ganz automatisch, wie z. B.: dass ich plötzlich eine unbändige Freude habe, eine Sprache zu lernen oder dass ich Kunst in einer Ausstellung auf mich wirken lassen möchte, die mich vorher nie interessiert hatte.

So ging ich heute in das Museum von Frida Kahlo. Ein Unfall in ihrer Jugend hatte sie Zeit ihres Lebens immer wieder über längere Zeiten ans Bett gefesselt. Über ihre Kunst entstand ein Medium, das als Kanal und Ausdruck dieser schmerzlichen Phasen, aber auch für andere Lebenserfahrungen diente. Ich bewundere sie zutiefst dafür! Interessant ist auch, dass so viele Menschen weltweit zu ihrem Haus kommen, um sich ihre Kunst anzuschauen. Vielleicht ein stiller Ruf ihrer Seele, diesen Weg der bewussten Transformation selbst zu gehen? Wer weiß?!
Den Film über ihr Leben sollte übrigens jeder gesehen haben.

Jede durchfühlte und am Ende aufgelöste Emotion schafft Platz für Lebendigkeit und Lebensfreude. Ein Geschenk des Lebens, wenn wir uns darauf einlassen. Und wenn wir uns alle immer mehr dafür entscheiden würden, wie bunt und herzverbindend (weil jede*r wieder mehr mit sich, anderen, und dem Leben verbunden wäre), wäre dann unsere Welt.

Das ist meine Vision für die ich täglich gehe. La vida es bonita!

SICH VOM FELD FÜHREN LASSEN

Kennst Du auch diese magischen Momente, die passieren, wenn man einfach mal entstehen lässt, ohne ständig einzugreifen, damit man alles unter Kontrolle hat? Solche Momente erlebte ich seit gestern, die mir zeigten, dass ich nun endlich voll im Flow angekommen war. (Nur zur Info: Ich fliege in 3 Tagen wieder nach Hause.)

Ich bin einem Rat eines lieben Freundes gefolgt, mich hier in Mexico nur per Uber von A nach B fahren zu lassen. Das sei am Sichersten. Ok, das läuft hier soweit auch ganz easy. Ich saß also gestern Abend in solch einem Uber-Taxi und kam in ein lustiges Gespräch mit dem Fahrer Ricardo. Lustig deshalb, weil er kaum Englisch konnte, und wir somit einen Sprachenmix aus Spanisch, Englisch und Italienisch hatten.

Ich liebe es!!! Das ist pure Kreativität, und man fühlt sich wieder wie ein Kind, das einfach drauflos plappert - ohne einen Fokus auf Richtig oder Falsch zu haben. Ich erzählte ihm, dass ich am nächsten Tag eine Tour zu den Pyramiden machen wollte, und er bot sofort an, mich zu fahren. Das freute mich sehr, denn die bisherigen Fahrer waren sprachlich leider nicht so lebendig unterwegs gewesen, so dass ich hinten wie ein Stummfisch auf der Rückbank saß. Das ist ja so gar nicht meins! Meine kleinen Spanischbrocken konnten daran leider nichts ändern.

Somit holte mich Ricardo dann heute morgen am Hotel ab und wir fuhren zu den Pyramiden. Mein erstes Geschenk war, dass er mich vor Ort auch als Guide begleitete und mir sein Wissen zu diesem beeindruckenden Platz preisgab. Das Schöne war, dass wir auf einer Wellenlänge waren und er immer zum richtigen Zeitpunkt spürte, wann ich den Raum mal ganz für mich alleine brauchte. Weil er sich soviel Zeit nahm, fragte ich ihn nach einem geheimen Insider-Tipp, um ihn als Dank zum Essen einzuladen. Zu welchem Ort er mich dann führte, war einfach unbeschreiblich! Womit er mich dann aber konfrontierte - natürlich ohne es zu wissen - löste einen riesigen Ekel und auch Ängste in mir aus.

Der freundlich lächelnde Kellner zeigte uns die Karte und empfahl uns seine Spezialität: Grashopper auf Guacamole und Tacos mit Ameiseneiern. Schon vor Jahren hatte ich mir geschworen, so etwas niemals zu essen!!!! Und jetzt erhielt ich die Gelegenheit, meine Komfortzone zu verlassen. Ich zögerte. Coco bäumte sich in mir auf: „Iiiiiiigitt! Grashüpfer! Ameiseneier! Das essen doch nur Tiere und keine Menschen! Danach müssen wir uns sicher übergeben und fühlen uns todsterbenskrank. Die essen wir auf gar keinen Fall! Niemals! Eeeeeeekelig!"

Ich atmete tief durch. „Coco, ich höre und fühle Dich. Wie können wir wissen, dass das ekelig ist, wenn wir es noch nicht einmal probiert haben?" In Gedanken setzte ich ihn auf meinen Schoß, nahm ihn in meine Arme und schenkte ihm mein Mitgefühl. Nach ein paar Sekunden entspannte sich mein Körper durch ein tiefes Seufzen. Das ist für mich das Zeichen, dass mein inneres Drama sich löst und mein Nervensystem in den Entspannungsmodus gewechselt ist.

Der Kellner und Ricardo schauten mich völlig unverständlich an, und in diesem Moment machte es in mir 'Klick'. Mir wurde klar, wie viele - mitunter wertvollen - Erfahrungen ich mir durch diese ablehnende Reaktion bisher untersagt hatte, ohne ihnen jemals eine Chance gegeben zu haben, sich zu enttarnen, und dass es wieder nur eine Illusion in meinem Kopf war. Ich entschied mich also für diese spezielle Erfahrung und als sie mir serviert wurde, richtete ich mich ganz klar auf das neutrale Feld aus, konnte die kleinen Tierchen dadurch ohne Bewertung betrachten und biss einfach hinein.

Dabei heraus kam ein freudiger Gaumenschmaus, den ich natürlich nicht erfahren hätte, hätte ich meinem Drama weiterhin die volle Aufmerksamkeit geschenkt. Danach fühlte ich mich stolz wie Bolle, mal wieder meine Grenzen erweitert zu haben. Und es wirkte immer noch nach. Am nächsten Tag ging es weiter zu einer speziellen Tour, auf der ich mich alleine nicht ganz so entspannt gefühlt hätte.

Und wieder ein Geschenk...Ricardo begleitete mich erneut und ich fühlte mich vom Leben getragen. Das ist der Grund, warum ich so gerne alleine reise, denn wir sind niemals alleine! Wir sind innerhalb unserer Menschenfamilie immer verbunden. Aber begegnen können wir uns nur, wenn wir auch die Tür dafür öffnen. Ich wünsche uns allen viele weitere solcher magischen Momente. Denn das ist es, was uns staunend und lebendig fühlen lässt.

DER TAG DANACH

Tja, was soll ich sagen...? Leider wollte mein Körper die gestrigen kulinarischen Erfahrungen nicht verstoffwechseln, sondern heute Morgen direkt wieder loswerden. Natürlich fühlte sich Coco in seiner Prophezeiung bestätigt und plärrte brustschwellend: „Siehst Du? Du solltest mal öfters auf mich hören, dann brauchen wir auch nicht solche überflüssigen Erfahrungen zu machen." „Das mag sein," entgegnete ich ihm, „jedoch war die Entscheidung wichtig, mich von meinen Ängsten nicht ständig so eingrenzen zu lassen. Ich stehe dazu. Was wäre das Leben, wenn wir uns nicht von ihm berühren ließen?"

Allerdings musste ich mir eingestehen, dass ich die nachfolgenden Auswirkungen nicht wirklich gebraucht hätte. Dementsprechend sah auch mein weiterer Tagesverlauf aus. Und das 2 Tage vor meiner Rückreise. Ich war echt genervt. Auch spannend, ich war über die Situation genervt, die ich mir selbst eingebrockt habe, dass mein Körper nun für mich die Entgiftungsfunktion einleitete, um meinen Organismus zu schützen. Hä? Wie schräg ist das denn bitte? Leider muss ich zugeben, dass mir das öfter passiert, wenn sich bei mir Körpersymptome entwickeln. Damit kann ich nicht gut umgehen und werde meist sehr ungeduldig.

Kennst Du das auch? Natürlich habe ich meine Zaubermittelchen mit auf Reisen genommen, die mich schon in unzähligen Momenten gerettet haben. Ein großes Danke an die Homöopathie! (Nicht umsonst habe ich mich über 20 Jahre dieser alten und tiefgehenden Naturmedizin hingegeben. Sie fasziniert mich bis heute.)

Durch die gegebenen Umstände verließ ich erst gegen Mittag das Hotel und ließ mich mit dem Uber-Taxi ins Nationalmuseum für Anthropologie kutschieren. (Ein absolutes Must-have-seen solltest Du mal nach Mexico-City kommen.) An diesem Ort werden wahrhaftige Besonderheiten ausgestellt, und man kann tief in die Zeit der damaligen Kulturen eintauchen.
Am Tiefsten haben mich die Kulturen der Pueblas bewegt. Dazu gehören auch die Huchiol-Indianer, zu denen ich mich schon immer hingezogen gefühlt habe.

Sie waren sehr mit Mutter Erde verbunden und drückten durch verschiedene Rituale und Zeremonien ihre Wertschätzung ihr gegenüber aus. Diese Erinnerung macht mich traurig. Ich werde mir dadurch wiederholt bewusst, dass diese Verbindung in unserer heutigen Zeit einfach verloren gegangen ist. Aber ist es nicht das, wonach wir uns alle sehnen - eine tiefe Verbindung zu spüren? Uns verwurzelt und zu Hause zu fühlen? Ich glaube wir haben das völlig fehlprojiziert auf Güter, Geld, Menschen u. a..

Dass das jedoch der absolute Vampirismus und Missbrauch ist, ist den Meisten von uns jedoch nicht bewusst. Wie gesund könnten doch unsere Verbindungen sein, wenn wir unsere Mechanismen diesbezüglich erkennen könnten. Vor diesem Hintergrund die wahrhaftige Liebe zu erfahren, ist meiner Meinung nach schier unmöglich und völlig illusorisch, denn üblicherweise bezeichnen wir mit Liebe den Zustand des Gestilltwerdens unserer Bedürftigkeiten.

Zur Erinnerung:
Wenn jedoch das Gegenüber nicht mehr bereit ist, diese zu stillen, verwandelt sich die Liebe plötzlich in Abneigung und Distanz. Die Tankstelle steht nicht mehr zur Verfügung. Wahre Liebe jedoch braucht das Gegenüber nicht, da der/die Fühlende selbst die Verantwortung für sich übernommen hat, die eigenen Bedürfnisse selbst zu stillen. Wie ist das bei Dir? Wann fängst DU damit an?

NUN WIEDER IN DEUTSCHLAND

Hast Du auch schon mal die Erfahrung gemacht, dass etwas zuerst nicht klappt, und Du deshalb total enttäuscht bist? Dass sich dafür dann jedoch eine andere Situation oder Möglichkeit auftut, mit der Du überhaupt nicht gerechnet hast? Du hast Dich in diesem Moment im Feld aller Möglichkeiten befunden, ohne Deinen Fokus auf einen fixierten Punkt zu richten. Dadurch geben wir dem Leben die Möglichkeit, uns ganz unerwartet zu überraschen.

Dr. Joe Dispenza ist z.B. ein bekannter Neurowissenschaftler, der durch jahrelange Forschung mit zigtausenden von Menschen bewiesen hat, dass ganz neue Möglichkeiten auf uns einwirken können, wenn wir uns darin üben, unseren Fokus auf das Quantenfeld um uns herum zu richten, statt auf sich selbst und seine Gedanken. Diese neuen Möglichkeiten können wir in der Regel nicht wahrnehmen oder erkennen, wenn wir stets mit uns und unserem So-Sein identifiziert sind bzw. bleiben, die gleichen Dinge tun, die gleichen Gedanken denken, die gleichen Emotionen produzieren.

(Ich empfehle Dir von ganzem Herzen, Dich mit seinen Meditationen zu beschäftigen. Die Ergebnisse sind wirklich grandios.)

Es sind genau diese Momente, die meine Zellen tanzen lassen. Und genau das ist mir am Samstag passiert. Aufgrund meines unfreiwilligen körperlichen Reinigungsprozesses musste ich eine geplante Tour leider absagen. Darauf hatte ich mich wirklich sehr gefreut. Dafür landete ich dann ganz unverhofft auf einem Künstlerbazar in Mexico City, der eine ganz neue Tür in mir öffnete, die ich zwar schon vorher immer wahrgenommen hatte, ihr aber aufgrund meiner ablenkenden To-Do-Listen keine Aufmerksamkeit geschenkt habe.

Ich stand also nun auf diesem Künstler-Bazar mit großem Erstaunen über diese Vielfalt von Farben, Techniken und Formen des kreativen Ausdrucks. Ich fühlte mich wie Alice im Wunderland und spürte, dass sich hier genau meine Energie widerspiegelte. (Wir spiegeln ja zum Glück nicht nur unsere unbewussten schweren Themen, sondern auch unsere hellen Anteile und unsere Potentiale).

Ich kam ins Gespräch mit verschiedenen Künstlern und genoss den Austausch der unterschiedlichen Betrachtungsweisen und persönlichen Interpretationen der farbenfrohen Kunstwerke. Das ist, was mich an Kunst berührt - egal ob Gemälde, Skulptur oder auch Musik. Jeder schaut durch seine eigene emotionale Brille darauf. Dabei stellt sich automatisch die Frage: "Wer nimmt denn die absolute Realität eigentlich wahr?"

Natürlich niemand. Die kann es auch gar nicht geben, da NIEMAND ohne seine Filter etwas betrachten kann. Somit nehmen wir alle die Welt auf die unterschiedlichste Weise wahr - eben entsprechend unserer eigenen erfahrenen „inneren Schablonen". Wie schön, wenn man offen dafür bleiben kann, sich die Welten der anderen zeigen und sich dadurch inspirieren zu lassen, den Blickwinkel mal zu verändern und die Dinge oder die Situation auf eine neue Weise betrachten zu lernen.

Je mehr wir in der Lage sind, unsere vorgefertigten Meinungen und Bewertungen loszulassen, desto mehr öffnet sich uns die Welt in ihren schillernden Farben und wir können gar nicht anders, als innerlich zu wachsen und dadurch selbst zu leuchten. Ansonsten bleibt alles wie es war und unsere innere Box wird von mausgrau zu steingrau und macht uns immer unflexibler und unzufriedener.

Da ist er dann wieder, der ungelebte Zellhaufen, der es leider verpasst hat, seine wahren, schillernden Farben zu entdecken und damit auch seine Umwelt mit zum Leuchten zu bringen. Welche Farben möchtest Du in Dir erfahren und wieder lebendig werden lassen?

HERZENSZEIT

Schon wieder ist ein Jahr vorbeigezogen und mein Patenkind Chiara hat erneut Geburtstag. Da wir uns aufgrund unserer wohnlichen Entfernung leider nur selten sehen, ist es zu einem Ritual geworden, ihr Zeit mit mir zu schenken. Und das dann intensiv.

Letztes Jahr sind wir zusammen mit meinem Puck auf einen Campingplatz nach Südtirol gefahren und verbrachten dort wunderschöne Tage miteinander, indem wir uns täglich in den Welten von Teenie-Romanzen in Form einer Serie oder eines Buches, das sie mitgebracht hatte, vergraben hatten. Natürlich mit ganz viel Chips, Pommes, Schokolade und noch vieler weiterer Geschmacksorgasmen, die bei mir sonst in der Nahrungskette nicht zu finden sind.

Chiara hatte große Freude daran, mir täglich aus ihrem Buch vorzulesen, und zwischendurch entstanden spannende Gespräche über die Verhaltensmuster der Buch-Charaktere. Meist endete ein Kapitel mit einer offenen Romantik-Situation, so dass wir unsere eigene Phantasie freien Lauf lassen konnten, was nicht immer Beifall bei uns auslöste, sondern eher ein sich empören, wie ein Autor/eine Autorin so unempathisch sein kann, seine Leser mit einem unerträglichen Spannungs-Kribbeln einfach im Nirwana stehen zu lassen, um im Folgekapitel weiterzuschreiben, als wäre nichts gewesen. Das geht gar nicht! Die Spannung, , wie es weiterging, war kaum auszuhalten.

(Dass dadurch der Chips- und Schokoladenkonsum ins Unermessliche stieg, brauche ich hier wohl nicht zu erwähnen!)

Wir hatten auch Regentage, in denen wir es uns in meinem Puck im Bett eingekuschelt gemütlich machten und um die weitere Buchkapitel oder Netflixfolgen aufzusaugen.
Ich liebe diese heiligen Momente in Chiaras Welten mit einzutauchen und mich dabei an meine Teenie-Zeit zurück zu erinnern – mit allen Dramen und Freuden, die das Leben mit sich brachte.

Auch dieses Jahr fuhren wir wieder gemeinsam los. Diesmal nach Italien zum Largo die Garda. Ich suchte uns einen kleinen Campingplatz direkt am Wasser, der nur sechs Stellplätze zur Verfügung hatte. Ruhig und wunderschön, dachte ich.
Als wir jedoch dort ankamen, war Chiara erst mal gar nicht begeistert – klar. Sie wollte Action und etwas erleben. Daran hatte ich als Nicht-Mutter gar nicht gedacht.

Als wir jedoch wieder in unsere Romanzen-Welten eintauchten, war das Drumherum gar nicht mehr so wichtig. Diesmal war das Buch so spannend, dass wir uns sogar tagsüber bei schönstem Wetter für Stunden entschieden, im Kuschelbett zu bleiben, um zu erfahren, ob sich die Helden des Buches endlich finden und sich ihrer Liebe hingeben würden. Chiara las mir vor wie eine Weltmeisterin. Eigentlich hatte ich in diesen Tagen eine Dauerflat zu einem Live-Hörbuch. Herrlich.

145

Es gab aber natürlich auch Stunden am Strand – jedoch nicht ohne das Buch! Das musste sogar mit ins Restaurant. Wir waren mit Sicherheit ein lustiger Anblick für andere Gäste.

An einem Strandtag lagen wir so ganz entspannt auf unserer Picknickdecke, verloren uns mal wieder in den Buchzeilen, als ich plötzlich durch ein „Platsch" erbarmungslos in die Realität zurückbefördert wurde. „Aaaaaahhhhh!", rief ich entsetzt. Eine Möve hatte mir auf den Kopf gekackt, wobei sich die vom Himmel fallende Ausscheidung auf mehrere Teile meines Körpers ausdehnte!

Chiara schrie angewidert auf! „Iiiiiiiiiiiiiieh!!!!! Wie eeeeekelig!!!!", und sprang wie ein Flummi auf und ab, weil sie ihr Ekelgefühl kaum ertragen konnte. Spannend war für mich festzustellen, dass ich normalerweise - und in der Vergangenheit - genauso reagierte wie Chiara heute, aber Coco verhielt sich erstaunlich ruhig. Entweder hatte er den Absprung vom Roman in die Realität noch nicht geschafft, oder es hatte sich bei mir durch ein vorheriges Thema wirklich eine Ekel-Resonanz gelöst, die ich unlängst zuvor bearbeitet hatte.

Es kann vorkommen, dass sich durch die Integration eines Themas automatisch auch andere Themen mit auflösen, obwohl sie uns gerade gar nicht bewusst sind. Man kann es vergleichen mit einem Fluss und seinen Nebenflüssen. Wenn der Hauptfluss sich ändert, werden auch die Nebenflüsse mitbeeinflusst. Arbeite ich also an einem Thema, das aus mehreren Schichten besteht, kann es sein, dass sich auch die Unterschichten mit verändern. Dies zeigt sich jedoch erst später, wenn eine Situation entsteht, in der man normalerweise gewohnt ist, auf eine bestimmte Weise zu reagieren. Jedoch bleibt diese erwartete Reaktion dann plötzlich aus. Echt spannend.

Ich sprang ins Wasser, um die Exkremente von meiner Haut und meinen Haaren abzuwaschen. Währenddessen quiekte Chiara weiter vor sich hin. Ich musste lachen. „Bist Du die Geschädigte oder ich?"

In meinem ganzen Leben ist mir so etwas bisher nur dreimal passiert. Ist doch auch etwas speziell. Da fliegt ein Vogel, in diesem Fall eine Möwe, über den Kopf, um genau in diesem Moment das Ausgeschiedene fallen zu lassen, und das landet dann - trotz jeder Wind- oder Körperbewegung - direkt auf meinem Kopf.

Zufall? Hmmm....ich glaube nicht an Zufälle. (Zufall bedeutet ja auch eigentlich Zu-gefallen. Mir also vor die Füße gefallen – also mit einem Grund.)

Ich habe es als Erinnerung interpretiert, mich mal wieder ins Hier und Jetzt zurückzuholen, um nicht den Moment zu verpassen, den mir das Leben hier gerade in Echt präsentierte.

Es passiert so unglaublich schnell, dass wir uns in andere Welten beamen - ist ja auch so schöööön! -, die uns jedoch von uns selbst und vom Wahrhaftigen komplett ablenken. Wir tauchen in die Dramen der fiktiven Buchcharaktere ein, um den eigenen Anteilen zu entfliehen. Ich sag`s ja immer: Wir Menschen sind manchmal wirklich etwas durchgeknallt.

Nach meiner Beobachtung und Erkenntnis dehnt sich die Zeit total aus, wenn ich voll und ganz im Hier und Jetzt bin.
Bin ich jedoch in anderen Welten unterwegs - also nicht bei mir - oder mache ich etwas aus einem Automatismus heraus, dann geht die Zeit sehr schnell vorbei. Und am Ende bleibt oft ein Gefühl, als ob ich die Zeit nicht vollkommen genutzt und aufgesogen habe.

Die wertvollste Zeit, die ich kenne, war immer, wenn ich in meine eigenen Welten abgetaucht bin, um mit einer daraus entstandenen Erkenntnis wieder aufzutauchen. Mit der Auswirkung, mich mal wieder von einer weiteren inneren Zwangsjacke befreit zu haben. Das passiert natürlich im Abtauchen in fiktive Geschichten nicht. Außer ich tauche bewusst in diese Geschichten ein, um mich dabei zu beobachten, bei welchen Situationen ich emotional reagiere. Dann wäre dieses Medium sinnvoll eingesetzt worden, um dabei selbst zu wachsen und Erkenntnisse für das eigene Leben zu erhalten.

Aber ganz ehrlich! Das Zelebrieren des Zusammenseins mit Chiara auf diese Weise – auch, wenn ich dadurch nicht mehr im Hier und Jetzt und bei mir war - möchte ich unter gar keinen Umständen missen und eintauschen. Ich bin eben auch ´nur´ ein Mensch! Und das manchmal ganz schön gerne.

GRENZEN SETZEN

Ich saß mal wieder im Zug in Richtung München.
Trotz einer Verspätung von fast einer Stunde hatte ich noch
einen Platz im Bordrestaurant des ICEs erwischt. Ich freute
mich schon riesig darauf, endlich an meinem Buch
weiterzuschreiben. Meine Kreativität zeigt sich auf Reisen
immer besonders ausgeprägt. Scheinbar bringt das In-
Bewegung-Sein im Außen auch die Bewegung im Inneren zum
Fließen.

Ein paar Tische weiter saß ein Gast mit einem schier nicht
enden wollenden Mitteilungsbedürfnis - und das natürlich
nicht im Flüsterton, sondern lauthals und ohne Punkt und
Komma für alle Mitfahrer*innen wahrnehmend. Coco wurde
wieder hysterisch: „Was ist das für ein Vollidiot! Los, geh´ hin
und schrei´ ihn an, dass er eine echte Nervensäge ist und
endlich seinen Mund halten soll!"

„Brrr, ganz ruhig Brauner!", erwiderte ich beruhigend. „Lass
uns stattdessen lieber diese Situation nutzen, um
herauszufinden, warum wir so genervt darauf reagieren." Ich
habe noch nie verstanden, wie das geht, dass man stundenlang
sprechen kann, ohne scheinbar Luftholen zu müssen, bzw.
ohne jegliches Feingefühl für andere Menschen im gleichen
Raum. Das empfinde ich als absolute Grenzüberschreitung.
Die meisten Nervensysteme reagieren bei längerem Andauern
mit Wut und Genervtsein.

Wusstest Du, dass Wut etwas sehr Gesundes ist?

Es ist die schützende Abwehrreaktion gegenüber unserem Selbstwert. Durch die ausgedrückte Wut wird dem Auslöser klargemacht: „Bis hierhin und nicht weiter!" Wenn aber nun der Auslöser meinen gesetzten Grenzen keine Beachtung schenkt, dann tritt meine nächste Schutzinstanz in Kraft. Mein Hass. Er ist die letzte Möglichkeit, meinen Selbstwert zu schützen. In der Regel sind wir jedoch so konditioniert, dass Wut und Hass etwas Schlechtes sind. Somit haben wir uns beides völlig abtrainiert und sie in unsere tiefsten Kellerecken verbannt.

So war es auch bei mir. Meine Mutter war permanent grenzüberschreitend. Sobald ich nach der Schule nur zur Tür hereinkam, überfiel sie mich sofort mit tausend Fragen, ohne mir erst mal Raum zum Durchatmen zu lassen. Das ging dann auch beim Essen so weiter, bis ich endlich aufgegessen hatte und mich nach oben in mein Zimmer verkrümeln konnte.

Sobald ich jedoch mal meiner Wut Raum gab, sich auszudrücken, erhielt ich sofort die Gegenreaktion von ihr mit: „Hach, bist Du heute aber mal wieder schlecht drauf!" Sie kam dabei nicht einmal auf die Idee, mich mal zu fragen, wieso ich gerade so reagiere. Solche Gespräche gab es bei uns leider nicht. Ich möchte ihr jedoch keinen Vorwurf machen. Sie kannte es nicht besser, da sie es selbst nie erfahren hatte. Jeder kann nur das geben, was er selbst hat.

Und ich hatte mir genau diese Mutter ausgesucht, um damit konfrontiert zu werden und daraus eine Superkraft entstehen zu lassen, die mich heute in die Lage versetzt, Dinge bzw. das, was gerade meine Grenze überschreitet schon im Vorfeld -

bevor Coco mich vor Wut völlig einnimmt - anzusprechen, damit mein Gegenüber mich sehen kann.

Wie oft höre ich von Menschen, dass sie sich so sehnlichst wünschen, gesehen zu werden. Aber wie soll das bitte gehen, wenn wir uns nicht vollkommen zeigen? Das ist natürlich eine wichtige Voraussetzung, um Grenzen aufzuzeigen.

Ich setzte meinen Kopfhörer auf, und beamte mich in meine Musikwelt, die mich sogleich beschwingt mit meinen kreativen Kanälen verband.

Ist doch genial! Wir können jederzeit entscheiden, mit welchen Welten wir uns verbinden wollen. Und schon bleiben die für uns gerade weniger hilfreichen Informationen draußen.

Was dann weiter passierte, nachdem ich mich entschieden hatte, nicht auf den nervenden Auslöser zu reagieren, war, dass mein mittlerweile ebenso genervter Tischnachbar aufstand, um den Gast zu bitten etwas leiser zu sprechen.

Es gibt also immer mehrere Möglichkeiten, wie sich Umstände ändern können. Coco war mittlerweile wieder eingeschlafen.

SPIRITUELLE DEMENZ

Auf meiner Rückreise saß ich wieder im Bordrestaurant des ICEs, schaute aus dem Fenster mit meiner Teetasse in der Hand und ließ meine Gedanken über die erlebten Situationen und Gespräche innerhalb der letzten Tage schweifen.
Ich bin von meiner Mentorin mal wieder erbarmungslos aufgeweckt worden. (Ich würde jedem empfehlen, sich solch eine*n Mentor*in im Leben zu suchen.)

Wir haben unzählige blinde Flecke in unserem System, die wir ohne einen Spiegel im Außen nicht sehen können. Wenn wir uns in unseren tief einprogrammierten Mustern befinden, können wir sie nicht mehr wahrnehmen. Unser DramaLama schreit einfach schon zu laut. Das ist zu vergleichen wie bei einem Fisch, der schon sein Leben lang im Wasser schwimmt. Für ihn ist das normal. Er bemerkt das Wasser gar nicht mehr.

„Was sind Deine Werte im Leben? Wofür gehst Du, egal was auch im Außen passiert?"

Dieses Thema hatten wir schon in unserer letzten Sitzung behandelt, was bedeutet, dass ich mich eigentlich noch daran erinnern müsste. In meinem Kopf herrschte jedoch gähnende Leere. Ich empfinde das jedes Mal so erschreckend, wie mein Verstand solch wichtige Erkenntnisse wieder in die unterste Schublade schieben kann, um weiter meinem altbekannten Muster zu folgen: bloß nicht in die Verantwortung gehen, zu hundert Prozent zu meinen Werten stehen, statt mich wie ein Aal drumherum zu winden, um jeglicher möglicher

Konfrontation durch die Reaktionen im Außen aus dem Weg zu gehen.

Auf jede Erkenntnis MUSS eine Umsetzung im Außen erfolgen, sonst bleibt es eben nur eine leere Erkenntnis, die sich eines Tages wieder wie eine geplatzte Seifenblase in Luft auflöst. Erst, wenn wir eine Erkenntnis im wahren Leben umgesetzt und ausgelebt, ihr Form gegeben haben, sind die neuen Synapsen auf Dauer miteinander verschaltet und der Transformationsprozess ist vollkommen abgeschlossen.

Hm....obwohl ich es mir fest vorgenommen hatte, mit meinen erarbeiteten Werten zu arbeiten, damit sie durch meine Aufmerksamkeit mit Kraft gefüllt werden, um sich schließlich in meinem Leben manifestieren zu können, ist dieses Vorhaben ganz still und heimlich aus meinem Bewusstsein gerutscht – wie ein Stück nasse, flutschige Seife. Und das ist nicht das erste Mal.

Ich nenne diesen Mechanismus gerne spirituelle Demenz. Das einzige Mittel, was dagegen hilft, ist Bewusstseinsarbeit. Wach bleiben, wach bleiben, wach bleiben!

Wach bleiben in Bezug auf meine Gedanken, meine Muster, meine Handlungen und meine Auswirkungen. Aber auch wach bleiben in Bezug auf meine Visionen und Ziele, die ich in Zukunft in die Welt tragen möchte. Wach bleiben, welche Anteile und Aspekte ich von mir noch integrieren möchte, die ich bisher von mir abgespalten habe.

Nimm´ Dir Zeit, um Dich mit Deinem Innersten zu verbinden. Du spürst Deine Atmung und Deine Füße gleichzeitig. Dann stelle Dir in Gedanken immer wieder die Frage: „Was sind meine Werte?"

Am Wichtigsten sind die ersten 5 Werte, denn sie wirken auf der unterbewussten Ebene am Stärksten auf uns ein.

Meist entstehen Werte durch Erfahrungen und Prägungen, die wir in unserem Leben gemacht bzw. erfahren haben.

Einer meiner wichtigsten Werte ist z.B. WAHRHAFTIGKEIT! Wie ich schon erwähnt habe, bin ich mit einer Mutter aufgewachsen, die aus Hilflosigkeit immer Lügen verwendet hat, um den Widerständen im Leben aus dem Weg zu gehen. Dadurch ist mein Wert der WAHRHAFTIGKEIT entstanden. Diesen Wert jedoch zu integrieren, empfinde ich als pure Herausforderung!

Denn es bedeutet, - egal was passiert! - für meine gelebte Wahrheit die volle Haftung zu übernehmen.

Das beste Beispiel wäre die für mich zur Zeit völlig unlogischen und unsinnigen Corona-Maßnahmen. In allen anderen Ländern wurde die Maskenpflicht aufgehoben. Ich war mit Hunderttausend anderen Menschen auf einem Robby-Williams-Konzert. Aber als ich am nächsten Tag in einem Zug saß, wurde ich dazu verpflichtet, die Maske zu tragen. Wo ist bitte der Fehler?

Wahrhaftigkeit bedeutet, sich selbst und seine Werte nicht mehr zu verraten. Obgleich es im Außen Reaktionen hervorrufen kann, wie z.B. dafür eine Strafe zahlen zu müssen oder im worst case ins Gefängnis zu kommen.

Würde ich das wirklich in Kauf nehmen? Puh! Ich merke das macht ganz viel mit mir.
Gleichzeitig spüre ich innerlich eine Kraft, die mich mit aller Wucht versucht, auf diese Spur zu bringen, denn das würde bedeuten, zu hundert Prozent zu mir und meinem inneren Wert zu stehen.

Erst, wenn wir uns trauen, uns zu zeigen - mit allem, was wir sind -, können wir auch gesehen werden.

Welche Opfer wärst Du bereit zu bringen, um Deine Werte zu leben?

Interessant ist, dass wir für andere viel eher bereit sind, Opfer zu bringen. Manch eine Mutter würde z.B. dafür sterben, um ihr Kind zu beschützen. Aber würde sie diesen Einsatz auch für sich selbst bringen? Ich lasse diese Frage mal so im Raum stehen...

SPIRITUALITÄT VERSUS ESOTERIK

Als ich damals mit neuzehn Jahren durch den frühen Tod meines Vaters ins Leben geschubst wurde, sehnte ich mich unendlich nach Geborgenheit, Sicherheit und dem Gefühl, mit allem verbunden zu sein. Ich suchte nach dem Sinn, mich mit all dem Wahnsinn, der uns täglich begegnet, rumschlagen zu müssen, und kannte den Unterschied zwischen meinem Ego, meinen inneren verletzten Kinderanteilen (DramaLama) und meiner wahren Essenz noch nicht. Somit war es damals ein Leichtes, durch verschiedene Seminare mit Versprechungen gelockt zu werden, bestimmte Zustände zu erreichen, wie z.B. die innere Erleuchtung, oder den ewigen Frieden in mir und mit der Welt.

Bei mir startete die Reise mit dem Buch „Die Autobiographie eines Yogis". Die darin beschriebenen inneren Zustände und darauffolgenden äußeren Erfahrungen des Autors fesselten mich, und das Buch weckte in mir ein Bedürfnis, die beschriebenen Yoga-Techniken zu erlernen. Dadurch kam ich auf den Weg des Kriya-Yoga, eine Yoga-Form bestehend aus Meditations- und Atemtechniken, sowie unterschiedlichen Körperübungen.

Ich wurde zu einer sehr folgsamen Schülerin, die morgens täglich ihr 2h-Programm absolvierte. Zusätzlich buchte ich jedes Seminar, das in Deutschland dazu stattfand und entschied mich auch für Karma-Yoga bei einem Yoga-Verlag in Kempten, also selbstloses Arbeiten, ohne dafür Geld zu bekommen.

Es war eine wunderschöne und sehr intensive Zeit, denn ich kam in Kontakt mit den unterschiedlichsten Menschen und mit den eigenen Spiegeln, die ich jedoch damals noch nicht erkennen konnte. Was mir in dieser Zeit auffiel, war, dass über neunzig Prozent aller Yoga-Schüler, die schon über mehrere Jahre hinweg folgsam praktizierten, sich in einer finanziell desolaten Lage befanden. Zum Thema Geld äußerten sie sich in der Form, dass Geld ihnen nichts bedeuten würde, und dass sie nur das Leben darum bitten müssten, damit sie mit allem versorgt werden, was sie brauchen. Mit meinen Erfahrungen und meinem Verständnis von heute ist natürlich klar, dass das Geld nicht bei ihnen und damals auch nicht bei mir bleiben wollte, da ich die gleiche Einstellung vertrat.

Würdest Du bei jemanden bleiben wollen, dem Du nichts bedeutest?

Ich durfte später lernen, dass dieses Denken aus einer anderen Perspektive betrachtet sehr egoistisch ist. Stell´ Dir mal vor, jeder von uns würde den Fokus nur auf die innere Selbstentwicklung legen und darauf, dass das Leben uns mit allem versorgt. Wo bleibt da bitte der Fokus auf die Fülle? Mit ihr wären wir in der Lage, auch anderen Menschen die Möglichkeit zu geben, sie daran teilhaben zu lassen.

Wenn ich immer nur am Minimum leben würde, könnte ich meine sozialen Projekte der Zukunft vergessen und somit auch die Waisenkinder oder Senioren, die durch mich die Möglichkeit erhalten werden in einer Mehrgenerationen-Gemeinschaft zu leben, wo jeder miteinander Aufgaben hat bis zu seinem Lebensende.

(Das ist ein Beispiel für eines meiner derzeitigen Zukunftsprojekte.)

Damals konnte ich noch nicht wahrnehmen, dass die meisten Menschen, die den Weg des Yoga und der strikten Enthaltsamkeit für sich gewählt hatten, den Reichtum, den Erfolg und die Fülle verschmähten. Wenn man jedoch zur Ganzheit oder zur bewussten Vollkommenheit erwacht, dann befindet man sich in der inneren Fülle. Nichts fehlt mehr. Und automatisch zeigt sich die Fülle dann auch im Außen.

Damit würde auch wieder ein hermetisches Gesetz bestätigt: Innere Fülle bedingt äußere Fülle. Somit zeigt sich die Ausprägung der eigenen Spiritualität im Spiegel des Reichtums im Außen.

Je spiritueller bzw. je 'heiler' ich werde, was bedeutet, immer mehr abgespaltene Anteile re-integriert zu haben, desto wertschätzender gehe ich mit mir um. Ich werde mir selbst gegenüber immer Wert-voller. Das kreiert die Anziehung der gleichen Frequenz von Wert im Innen und Außen – in Form von Reichtum.

Es ist wirklich ein interessantes Forschungsfeld, die eigene Vergangenheit aus dem Jetzt zu betrachten. Heute kann ich dadurch vieles sehen und auch anders betrachten, was ich damals niemals hätte zulassen können, es wahrzunehmen. Ich fühlte mich in dieser Gemeinschaft getragen, angenommen und geliebt – genau die emotionalen Zustände, in denen ich ja selbst im Mangel war. Ich begann mich immer mehr so zu kleiden, wie die anderen – in weiten Leinenhemden und Hosen in hellen Farben.

Dadurch fühlte ich mich zugehörig. In dieser Gemeinschaft fühlte ich mich glücklich und wollte immer mehr davon. Sobald ich jedoch wieder zu Hause und mit meinem Alltag konfrontiert war, fiel mein ganzes Kartenhaus zusammen, und ich fiel aus meinen Zuckerwattewolken auf die Erde zurück. Die Folge war, dass ich mein Leben und die mich darin triggernden Menschen verabscheute. Klar, denn sie hinderten mich scheinbar daran in meiner Harmoniewelt bleiben zu können. Das führte dann dazu, dass ich mich von meinem realen Leben immer weiter entfernte. Ich vernachlässigte meine Praxis, war kaum noch zu Hause und ließ mich von den Baustellen meiner Partnerschaft erfolgreich ablenken.

Die Verführung der Ablenkung ist so groß, wenn wir noch nicht gelernt haben, unsere Bedürfnisse in uns selbst zu stillen. Aus der heutigen Perspektive bewegte ich mich nur noch in illusionären Sphären, statt gut geerdet zu sein. Heute weiß ich, mit Mutter Erde verbunden zu sein, bedeutet, erst einmal mit mir verbunden zu sein. Und mit mir verbunden zu sein bedeutet, meine Schattenkeller zu kennen, mich darin regelmäßig zu bewegen, mit meinen Themen zu arbeiten und aufzuräumen, um Zugang zu dem Zwischenraum zu erhalten. Denn der gewährt mir einen Abstand zu meinem DramaLama, so dass ich meiner inneren Manipulationen gewahr werde und wählen kann, wie und ob ich reagieren möchte.

Erdung und mitten im Leben zu stehen bedeutet, sich nicht aus dem Leben zu schießen, nicht alle chancenreichen

Trigger-momente durch z.B. den Partner oder das eigene Umfeld zu vermeiden und sich nicht in eine illusionäre Harmoniewelt zu flüchten. Die Harmoniewelt kann erst dann wahrhaftig entstehen, wenn ich mir WIRKLICH begegnet bin, wenn ich auch meinen hässlichen und abscheulichen Tiefen begegnet bin. Wenn ich all meine Facetten, und seien sie auch noch so unangenehm, angeschaut und ihnen einen Platz in mir gegeben habe, von wo aus ich sie umarmen und JA zu ihnen sagen kann.

Von Vorteil ist, sich in einem Feld von Menschen zu bewegen, die ähnlich aufgestellt und ausgerichtet sind wie ich, ohne, Manipulation und Verzerrtheit, sondern nach größtmöglicher Echtheit und Authentizität streben, wodurch wir zusammen wachsen können. Erst dann kann das erwünschte Harmoniefeld entstehen. Das Schöne ist jedoch, wir brauchen es dann nicht mehr, sondern leben es von innen heraus. Harmonie bedeutet für mich, im Frieden sein mit den eigenen hellen, aber vor allem auch den dunklen Seiten, die wir nun mal ALLE in uns haben. Und einem hermetischen Gesetz entsprechend, entsteht dieser Frieden dann zwangsläufig auch im Außen.

Deshalb überprüfe jede Deiner Handlungen:
Was ist Deine Intention etwas zu tun?
Tust Du es „um zu"? Um etwas zu erreichen?
Tust Du es mit der Intention „weg von" statt „hin zu"?
Oder einfach, weil Deine Intention Dich lenkt, es zu tun.
Ohne jegliche Erwartung, was daraus entstehen soll?

Es steckt in dem Wort schon drinnen: Er-Wartung. Jemand wartet auf etwas. Er/sie wartet auf etwas, das in der Art kommen soll, wie sie/er es in der Vorstellung geformt hat. Dahinter steckt ein klares Wollen! Ein krampfhafter Versuch, etwas zu bekommen, um die eigenen, unbefriedigten Bedürfnisse zu stillen. Hier ist also wieder einmal ein Mangel die Wurzel des Gedankens. Und ein ausgesendeter Mangel MUSS einen Mangel ins Feld ziehen, was in diesem Fall sich als eine Ent-Täuschung ausdrücken wird.

Solange dich noch ein „um zu" oder ein „weg von"antreibt, empfehle ich Dir, nochmal genau hinzuschauen. Wo kämpfst Du noch gegen das Außen an und möchtest weg davon, damit Du nicht mehr getriggert wirst? Es ist eine Chance, an Deine unbewussten Anteile zu kommen, die sich danach sehnen, endlich geheilt und re-integriert zu werden. Wie schon erwähnt, ich kenne den Fluchtimpuls nur all zu gut. Und mit Sicherheit erliege ich ihm auch heute noch unbemerkt in bestimmten Situationen. Jedoch ist es eine Haltung, so oft wie möglich in die Überprüfung zu gehen, was gerade genau mein Motor ist, mich in eine Richtung zu bewegen.

Das ist für mich wahre Spiritualität: sich so oft wie möglich den unangenehmen, aufsteigenden Emotionen zu stellen und sich auf die geistige Ebene, die Erkenntnisebene, zu begeben, anstatt auf die Ebene des Ego-Verstandes, der von den eigenen Bedürftigkeiten gelenkt wird.

Das Leben hat nur eines im Sinn: Dich zu berühren. Es liegt nur an Dir, Dich dem Spüren und Erleben hinzugeben. DAS ist LEBEN!!! Also, wie entscheidest Du Dich?

ABLEHNUNG gleich ANZIEHUNG

Ich lasse den Telefonhörer sinken.....bin erstarrt und geschockt. Mein System ist völlig irritiert. „Was ich???? Ich soll solch eine Störung in mir haben? Ich kann das nicht fühlen. Es fühlt sich für mich überhaupt nicht stimmig an!"

Mein Arzt hatte mir die folgende Nachricht überbracht: Meine Gewebeprobe zeigt atypische Gewebestrukturen auf und die Ärzte sind in großer Sorge. Die Diagnose: vermutlich Krebs. Coco ist hoch aktiv. "Oh Gott! Wir werden jetzt sterben! Unsere größten Ängste aus der Vergangenheit haben sich materialisiert." Eine Panikattacke überwältigt mich und es gelingt mir trotz aller Anstrengung nicht mehr, im Beobachtermodus zu bleiben.

Bilder ploppen auf, wie ich damals meinen krebskranken Vater begleitet habe. In meinem Kopf herrscht Chaos – tausende Gedanken drehen sich wie in einem Karussel.

„STOPP!" sage ich laut und bestimmt zu mir selbst. „Jetzt reicht`s!" Mit größter Anstrengung übernehme ich wieder das Zepter und fokussiere mich parallel auf meine aufsteigenden, fühlbaren Emotionen, so dass sie sich ohne Widerstand entladen können. Ich richte meine Aufmerksamkeit auf Coco und nehme wahr, dass er sich gerade in einer unermesslichen Todesangst befindet. Ich stelle mir vor, wie ich ihn mit meiner Atmung in mein Herz führe, während ich mich mit der Frequenz von Mitgefühl verbinde. Sofort wird es leichter. Dabei spüre ich nochmals ganz bewusst in mich hinein. Kann ich eine Resonanz zu der gerade vernommenen Diagnose wahrnehmen? Nein. Da ist nicht ein Fünkchen Resonanz spürbar. Seltsam! Wie kommt es dann bitte zu dieser ärztlichen Aussage?

Am nächsten Tag entscheide ich mich, den Professor der Klinik zu sprechen, um auch seine Meinung zu dem Ergebnis zu hören. Er nimmt sich viel Zeit, hört mir aufmerksam zu und begutachtet die Ergebnisse des Labors. Dann sagt er zu mir: "Nein. Es ist NOCH kein Krebs. Aber eine Vorstufe. Zur Vorsorge empfehle ich Ihnen das betroffene Organ heraus operieren zu lassen. Dann sind sie auf der sicheren Seite."

Mir fällt ein Stein vom Herzen. Ich habe keinen Krebs entwickelt. Mein Gefühl hat mich nicht getäuscht. Nach den stundenlangen inneren Anspannungen lässt mein Nervensystem endlich los und katapultiert mich in eine totale Erschöpfung. Ich möchte nur noch schlafen.

Wie kam es zu der Manifestation dieser Geschichte?
Nun, wir begeben uns zurück in das Jahr 1991. Wie ich ja schon erwähnte, erhielt mein Vater damals die Diagnose Darmkrebs, woraufhin mein System in einen Schockzustand verfiel, und sich in Form von täglichen Panikattacken in mir versuchte zu entladen.

Die Erfahrungen, die ich mit ihm während seiner Klinikaufenthalte machte, brachten mich in einen totalen Widerstand gegen die Medizinwelt. Nachdem er am Ende nicht seiner Krebserkrankung erlag, sondern an einem Nierenversagen durch die Chemo verstarb, entwickelte ich eine kaum aushaltbare Abwehr gegen die Pharmaindustrie.

Ich machte sie dafür verantwortlich, dass ich meinen Vater auf eine so schreckliche Weise verlieren musste.

Mein innerer Schmerz, der Widerstand gegen das was war, also Coco in aufgebäumter Pose, war nicht mehr in der Lage, objektiv zu bleiben und suhlte sich über Wochen und Monate in seinem Drama und seinem Opferdasein wie ein Hängebauchschwein in seinem Schlammbad.

Diese nach außen projizierte Abwehr war ein kläglicher Versuch, mich nicht mehr völlig hilflos und ausgeliefert zu fühlen. Mir gelang es damals noch nicht, mir meine darin liegende Verantwortung anzuschauen, weil ich es einfach nicht besser wusste. Ich konnte es nicht akzeptieren, dass mein Vater die alleinige Verantwortung für sein Leben hatte und eine klare Entscheidung traf: Den Weg der Schulmedizin zu gehen.

Mit Chemo und Bestrahlung und den möglichen Folgen - entgegen aller meiner Ängste und Vorahnungen - und vor allem meiner gefühlten Verantwortung, ihn retten zu müssen. Damals fühlte es sich für mich an wie ein Verrat. Ein Verrat an meiner Person und gegenüber unserer tiefen Herzensverbindung. Ich fühlte solch eine ohnmächtige Wut, mit der ich gar nicht wusste umzugehen.

In dieser Situation stecken viele tiefgreifende Themen, die ich über viele Jahre und unzählige Stunden der Bewusstseinsarbeit aufarbeiten durfte.

Dabei entstand in mir eine ganz wichtige Erkenntnis!

Durch diesen Widerstand, die Abwertung und den Hass gegen die Ignoranz der Mediziner hatte ich mir selbst ein Feld kreiert, dass eine Situation anziehen MUSSTE, die mich damit konfrontierte, dass ich das, was ich ablehnte, eines Tages zum Überleben brauchen würde, um meine Wunde zu heilen. Genau das ist auch in dem Prozess mit meinem Körper passiert. Ich konnte endlich Frieden schließen. Und by the way... ich habe immer noch alle meine Organe in meinem Körper!

Seit dieser Erkenntnis habe ich riesengroßen Respekt vor der Kraft und Auswirkung selbst kreierter Widerstände. Sie ALLE besitzen eine magnetische Wirkung und rufen danach, aufgelöst zu werden, um unsere darin gefangenen, kreativen Anteile zu integrieren.

Deshalb: Achte auf Deine inneren Widerstände. Schreibe sie Dir auf, so dass Du sie nicht aus den Augen verlierst, sondern mit ihnen arbeitest. Wie schon so oft beschrieben, geht es wieder nur um das Hindurchfühlen der Emotionen, die durch unsere Widerstände blockiert sind und sich entladen und gefühlt werden wollen.

Übung:

Durchkämme alle Bereiche Deines Lebens und finde Deine teils versteckten Widerstände - egal gegen was.

Wenn Du Dich dafür entscheidest mit ihnen zu arbeiten, beeinflusst Du damit Deine Zukunft.

Es ist DEINE Verantwortung und DEIN Leben, wie sich Deine Zukunft kreieren wird!

WAS IST MEINE WAHRHEIT?

Ich erwache mit dem Gedanken: „Wenn ich heute sterben müsste... wie würde ich mich dann fühlen?" Ein tiefer Schmerz steigt in mir auf. „Dann hätte ich das Gefühl, das Leben verpasst zu haben!" Coco zeigt sich mir in einer tiefen, hilflosen Traurigkeit. Es fühlt sich beim Blick aus dem Fenster an, wie ein riesiges Feld voller Möglichkeiten vor der Nase zu haben, aber ich habe bisher nur einen kleinen Teil davon genutzt.

Woher kommt das? Stimmt das wirklich? Im Außen sagen viele zu mir, dass ich ständig unterwegs sei und so viel erleben würde. Was ja auch stimmt. Wenn ich jedoch mal genau hinsehe, dann bin ich meist gereist „um zu". Um Seminare zu besuchen, um Seminare selbst zu halten, um Ausbildungen zu besuchen oder um mein Team zu unterstützen und Veranstaltungen wahrzunehmen.

Als meine Mutter noch auf Mallorca lebte, reiste ich drei bis vier Mal pro Jahr zu ihr. Auch das war ein „um zu", und selten ein erholsamer Urlaub. Wohin träumt sich also meine Seele wirklich? Ich erhalte sofort eine Antwort: „Nach Abenteuer und vom Leben berührt zu werden!" Nach den Jetzt-Momenten ganz alleine mit mir. Diese Erfahrungen durfte ich während meiner Abenteuer-Reisen erleben.

Ich war zweimal in Indien, einmal in Kanada, zweimal in den USA, in Mexico, in Norwegen, in Dänemark und Südtirol alleine unterwegs gewesen, aber auch in Deutschland, als ich mich für ein Wochenende in ein Tiny House ohne Strom,

Wasser und Heizung inmitten der Natur eingemietet hatte. Wenn ich noch genauer hinschaue, dann waren die für mich am meisten nährenden Erlebnisse dann, wenn ich mich neu erfahren und innerlich neu entdecken oder mir neues Wissen aneignen und es an andere weitergeben durfte.

Was mich jedoch hindert, diese Momente noch viel öfter zu erleben, ist, dass ich mich nahezu täglich in einem Hamsterrad mit viel zu vielen To-Dos befinde, die mir meine wertvolle Lebenszeit stehlen: Aufräumen, Putzen, Wäsche waschen, Kochen, Abwaschen, Papiere ordnen und abheften, die Steuer vorbereiten usw.. Es sind in meiner Wahrnehmung so unzählig viele Handlungen, die tagtäglich erledigt werden wollen. Dadurch werde ich ständig von meinen Herzensprojekten abgelenkt, wie z.B. mein Buch weiter zu schreiben. Ich habe das Gefühl, durch meine nicht enden wollenden Tätigkeiten davon ständig abgelenkt zu werden.

Ich fühle Wut aufsteigen. Wut auf mich selbst, mich ständig durch solch alte Muster selbst in ein Gefängnis zu sperren. Mir wird etwas klar! Dahinter steht der Glaubenssatz: „Es reicht nicht! Ich mache nicht genug. Oder genauer: ICH reiche nicht!" Schon bin ich wieder bei den mir selbst auferlegten Erwartungen gelandet, die in sich schon die Enttäuschung mit Folge des selbstkreierten Opferdaseins beinhalten.

Und das Ende vom Lied? Mein wohlbekanntes Selbstmitleid, das jedes Mal eine tiefe Traurigkeit in mir produziert.

Sonnenklar! Das Gefühl nicht wirklich gelebt zu haben, ist begründet durch das Hinterherhechten meiner zu erfüllenden

Erwartungen an mich selbst. Dadurch befinde ich mich täglich in absoluter Unbewusstheit und innerer Eile mit darauffolgender Ausschüttung von Stresshormonen und einem beschleunigten Gefühl, dass der Tag so schnell vergeht. Die Zeit rinnt mir förmlich durch die Finger. Was für eine selbstkreierte Illusion! Wenn ich ehrlich sein soll, bemerke ich leider allzu oft, dass dieses Gefühl entsteht, je öfter ich mein Handy in der Hand halte und über die Social Media-Kanäle mit anderen in Kontakt trete. Mir ist das auch schon oft in der Beobachtung anderer aufgefallen. Wenn sie durch ihr Handy abgelenkt sind, fühlt es sich an, als ob nur noch der Körper vorhanden wäre, sie selbst sind aber nicht mehr zu spüren. Ganz seltsam. Hast Du das auch schon mal bemerkt?

Als ob ein unsichtbarer Kanal die Person energetisch aus dem Körper ins Netz saugen würde. Und in diesem Moment verliert man die Zeit. Man wird zugeschwemmt mit Informationen und dadurch vom jetzigen Moment komplett abgelenkt. Bei mir ist das jedenfalls ein Zeit-Sauger, den ich überhaupt nicht habe, wenn ich z.B. mal ein Wochenende komplett Handy-frei mache. Dann empfinde ich jedes Mal eine ganz andere Zeitqualität. Die Zeit dehnt sich aus. Nach solchen Tagen fühle ich mich vom Leben genährt, und ich habe die Momente wahrhaftig ge- und erlebt. Das verbinde ich meist auch mit Innenschau, um unbewusste Muster zu entdecken und zu entkoppeln.

Und jetzt kommt meine wichtigste Erkenntnis! Es geht mir gar nicht darum, ständig durch die Welt zu reisen, um neue Abenteuer zu erleben. Denn aus der Vergangenheit kenne ich auch auf Reisen und im Unterwegssein das Gefühl, mein Leben fließt so schnell an mir vorbei. Aber in Momenten, wo ich mir Zeit für meine Innenschau genommen habe, ist mir das nicht passiert. Egal, ob hier oder dort. Also, um was geht es hier nun wirklich? Um das Reisen, Forschen, Erfühlen und Entdecken in MIR! Um die Verbindung mit meinem Kern und meinen verschiedenen Anteilen. Dadurch entsteht automatisch das Gefühl der Erdung und Zentriertheit und die gefühlte Verlangsamung der Zeit.

Ein schönes Bild dazu ist z.B. ein Hurrikan.
Innerhalb der alltäglichen Matrix wirbeln wir wie die Verrückten im Leben herum, und lassen uns von der treibenden Kraft des Sturms mitziehen. Wenn wir aber in das ruhige Auge des Hurrikans wollen, müssen wir aus den alten, uns treibenden Mustern aussteigen und uns mit unserem Inneren rückverbinden.

Das geht jedoch nur, wenn wir uns entscheiden, uns wieder zu fühlen und uns Zeit dafür einräumen, einfach mal nichts zu tun, um weggesperrte Emotionen aufsteigen zu lassen. Dann wird es plötzlich innerlich ruhig und still, wir sind mit uns verbunden und befinden uns wieder in unserem geerdeten Zentrum. Stille. Einfach Sein.

WER BIN ICH WIRKLICH?

Seit ein paar Tagen höre ich das Hörbuch von Dr. Wayne Dayer
„I can see clearly now." Es beschreibt seinen Werdegang als Schriftsteller, von der Entwicklung zu einem Professor der Psychologie, über seine Zeit als Dozent an der Uni, bis hin zu seiner Aufgabe als spiritueller Lehrer. Er hatte sich der Aufgabe verschrieben, sich immer mehr vom geistigen Feld leiten zu lassen. Indem er sich als Sprachrohr und Autor zur Verfügung stellte, verhalf er vielen Menschen zu einem neuen Verständnis über sich, ihr Dasein in der Welt und über die Wichtigkeit, dem eigenen Herzensruf zu folgen.

Seine Ausführungen inspirieren mich sehr, und ich finde mich in Teilen dieser Autobiographie wieder. Wie schwer fällt es uns doch, aus unseren, aus der Kindheit programmierten Mustern auszusteigen, um unser wahres Selbst zu leben. Ich persönlich wurde bis tief in meine kleinsten Zellen geprägt, immer gut zu funktionieren und meine Aufgaben gehorsam zu erledigen. (Ich erwähnte das bereits in einem früheren Kapitel.)

Unser Schulsystem trägt bis heute dazu bei: Immer alles gehorsam wiederkäuen, was uns gelehrt wurde, statt selber zu denken, und unsere eigene Logik und Kreativität zu nutzen, um eigene Theorien und Erkenntnisse aufzustellen, und sie anschließend mit den anderen zu teilen.

In einer Film-Dokumentation „Alphabet" wurde auf erschreckende Weise dargestellt, dass Kleinkinder, bevor sie in den Kindergarten kommen, fast zu hundert Prozent hochbegabt sind. Über den Eintritt in den Kindergarten und mit dem Abschluss der Schule waren es dann nur noch drei Prozent. Warum? Weil wir nicht gelehrt wurden und werden, selbstständig, innovativ und kreativ zu denken. Ich stelle mir oft vor, wie doch unsere Welt sein könnte, wenn wir Schulen hätten, wo eigenständige Kreativität die Basis allen Lernens wäre.

Ich bemerke seit einiger Zeit, welcher Reichtum mir dadurch abhandengekommen ist und bin umso berauschter, wenn ich mich mit kreativ denkenden Menschen umgebe. Sie inspirieren mich mit ihrer Ausrichtung möglichst lösungsorientiert statt problemfokussiert zu denken. In ihrer Gegenwart fühlt es sich leicht an, und man ist gerne in ihrer Nähe. Kein Wunder, denn sie befinden sich im Jetzt und nicht mehr in der Vergangenheit. Mit ihrem kreativen Denken beeinflussen sie ihre Zukunft, statt hilflos im Opfermuster der Vergangenheit zu verharren, und durch die stetig ausgesandten Gedanken erneut und erneut die gleiche Zukunft zu erschaffen.

Ich hatte zuletzt vor dreißig Jahren Kontakt zu meiner Patentante. Sie führte schon seit fast vierzig Jahren zusammen mit ihrem Mann eine Künstler-Galerie am Bodensee. Eines Tages fuhr ich auf dem Rückweg von einem Seminar an einem Straßenschild mit dem Namen des Ortes vorbei, wo sie damals wohnte. Plötzlich hatte ich den starken Impuls, im Internet nach ihr zu suchen, um den Kontakt wieder aufleben zu lassen. Durch die Demenz meiner Mutter gab es leider nun schon seit vielen Jahren keine Kontakte mehr zu alten Familienverbindungen, so dass ich sie sehr gerne wiedergesehen hätte um zu erfahren, wie ihr Leben bis heute verlaufen war.

Tatsächlich existierte ihre Galerie noch und ich wählte direkt ihre Nummer. Es dauerte nicht lange und sie nahm das Gespräch an. „Waaaas? Nina? Das ist ja jetzt wirklich unglaublich!", rief sie in den Hörer. „Weißt Du, wie lange ich Deine Taufurkunde schon hier neben meinem Telefon liegen habe in der Hoffnung, Dich eines Tages wiederzufinden?" Ich war sprachlos. Immer wieder diese Synchronizitäten. In letzter Zeit passierte es mir immer öfter, dass ich aus dem Nichts einen Impuls erhielt. Wenn ich ihm nachging, war es meist mit einem Gedanken einer anderen Person verbunden, die gerade mit mir in Kontakt gehen wollte.

Ich bin fest überzeugt und es gibt ja mittlerweile schon seit Jahren wissenschaftliche Beweise dafür, dass wir Menschen telepathische Fähigkeiten besitzen. Wir sind leider nur so zugemüllt mit nutzlosen Informationen und Ablenkungen, dass wir die ankommenden Impulse oft nicht bemerken. Wenn ich nur mal für drei Tage das Handy abschalte und den Fokus auf das Jetzt und mein Mich-Fühlen lenke, erhalte ich viele Impulse und Informationen, für die ich im normalen Alltag gar keinen Raum habe, sie wahrnehmen zu können. Mein inneres Gefäß ist dann einfach zu voll. Aber stell Dir mal vor, wir würden diese Fähigkeit ausbauen......!

Weißt Du, woran Du kreative, mit sich selbst gut verbundene Menschen erkennen kannst? An ihren lebendigen und leuchtenden Augen. Meine Patentante ist nun über achtzig Jahre alt, aber sie hat immer noch ihre funkelnden und lebensfreudigen Augen. Als ich ihr wiederbegegnete, war es für mich, als ob ein Puzzleteil meines Lebens zurückkommen würde, mit einer Vielfalt an Farben, die mich tief bewegten. Bisher bin ich noch keinem Menschen in diesem Alter begegnet, der so lebendig, so am Leben, an Menschen und an Kunst interessiert war wie sie und ihr Mann. Auch ihre Art zu wohnen, hat mich sehr beeindruckt. Zu zweit lebten sie in einem sehr modernen Haus, mit einer integrierten Galerie im Erdgeschoss. Sie erzählten mir, dass sie je nach Ausstellung, verschiedene Künstler zu Gast hatten, und diese dann frei in ihrer Küche kochen konnten und sogar eine Wohnung im Obergeschoß zum Schlafen bekamen, wenn sie das wollten. Sie lebten so unkonventionell und mit so viel Freude, ihr Leben mit anderen zu teilen, dass ich darüber nur noch staunen konnte. Wir hatten sehr schöne, inspirierende Gespräche und ich fühlte Stolz, einen solchen Menschen meine Patentante nennen zu dürfen. Damals hatten wir gar keinen innigen Kontakt. Ich weiß gar nicht warum, aber damals fehlte es mir an Interesse auf vielen Ebenen. Wie schön, dass das Leben zu Veränderung aufruft. Denn Veränderung ist Leben!

Übung:

Auf welchen Ebenen lebst Du Deine Kreativität? Wofür brennst Du? Was ist Deine Leidenschaft?

Falls Du Deine Kreativität noch tief im Keller vergraben hast, schreibe Dir auf, wann Du Neid empfindest, wenn eine andere Person ihre Kreativität auslebt. Welches Instrument wolltest du schon immer mal spielen? Welche Sprache wolltest du schon immer mal lernen? Welche Ausstellung..., welches Konzert..., welches Hobby oder welche Sportart wolltest du schon immer mal ausüben und hast es immer wieder vertagt?

Mach´ Dir daraus eine Löffel-Liste: Schreibe Dir mindestens 100 Punkte auf, die Du unbedingt noch in diesem Leben erleben möchtest, bevor Du den Löffel abgibst. Und dann... leg Punkt für Punkt los. Damit Du am Ende sagen kannst: „Ich hatte ein erfülltes und lebendiges Leben. DANKE!"

Denn ich bin mir sicher, nichts ist schlimmer, als am Ende auf seinem Sterbebett zu liegen und zu bemerken, dass die wichtigsten Dinge und Herzensangelegenheiten im eigenen Leben immer wieder zu Gunsten des Funktionieren-Müssens beiseitegeschoben wurden mit dem Gedanken „Das kommt später!"

Aber eines Tages ist es dann wirklich zu spät und man hat seine Chance verpasst.

DIE WIRKLICH NÄHRENDE NAHRUNG

Seit einigen Jahren ist mir aufgefallen, dass ich beim Essen eine gewisse Gier entwickelt habe. Ich schöpfte mir immer den Teller voll, und noch bevor er leer gegessen wurde, dachte ich schon an die nächste Portion. Am Ende fühlte ich mich dann völlig ausgeknockt und mein gesamtes Blut wurde ausschließlich in meinen Gedärmen benötigt, so dass an geistige Arbeit erst mal gar nicht zu denken war.

Ich bin bekannt dafür, dass mein Kühlschrank immer proppenvoll ist, da ein leerer Kühlschrank für mich bedeutet: "Ich erhalte nichts zu essen!"

Nachdem ich dazu mal in meine Innenwelt abgetaucht bin, erhielt ich für mich eine wichtige Erkenntnis. Wenn ich auf einem Seminar war, wo ich Dinge lernte, für die ich Feuer und Flamme war, fühlte ich mich dermaßen genährt, so dass ich in den Pausen kaum Hunger verspürte, sondern mit dem Lernstoff am Liebsten ohne Pause weitergemacht hätte.

Wenn ich mich im Alltag jedoch in meinen To-Do-Listen verlor, somit also nur im Funktioniermodus war, fühlte ich mich überhaupt nicht genährt und hatte ständig das Gefühl, mein Loch im Bauch stopfen zu müssen.

Ich entdeckte für mich die darin zugrundeliegende Information, dass immer, wenn ich diese Essensgier bemerkte und das Gefühl, nicht satt zu werden, dann sorgte ich sofort dafür, mir Raum zu schaffen für die Dinge, die mich wirklich nährten. Dazu gehört z.B. auch das Schreiben. Während dieser

Buchentstehung bin ich mehrmals in die Falle meiner enttäuschten Erwartungen getappt. Das bedeutet, dass ich mir z. B. morgens vornahm, den ganzen Tag fürs Schreiben zu nutzen, dann aber am Abend feststellen musste, mich wieder einmal in meinem Funktioniermodus verirrt, und gar nichts auf die Reihe gebracht zu haben. Ich habe also meine kostbare Lebenszeit dafür verschwendet, Dinge zu tun, die mich nicht nährten.

Mir fällt dazu die Geschichte eines Coaches ein, der erzählte, dass er sich eine sehr außergewöhnliche Uhr gekauft hatte, die die Zeit rückwärts zählt. Ja, Du hast richtig gelesen. Rückwärts! Man gibt in diese Uhr scheinbar Alter und Geschlecht ein, und dann errechnet die Uhr anhand einer Formel die Jahre, Stunden und Sekunden, die Dir noch bis zu Deinem Ableben bleiben (berechnet am durchschnittlich erreichten Lebensalter der Menschen). Immer, wenn Du Dich mit einem Menschen unterhältst, der Dir nicht guttut oder Du wieder in Deinen Denk- oder Verhaltensmustern oder mit Deinem inneren DramaLama verstrickt bist, erinnert Dich die Uhr daran, wie Du gerade wertvolle Minuten oder Stunden Deiner Lebenszeit vergeudest. Du hast die Wahl, Dich weiterhin zur Verfügung zu stellen oder Dich einfach zu verabschieden. Ich könnte mir vorstellen, dass das eine sehr effektive Methode ist, um bewusster mit der eigenen wertvollen Zeit umzugehen.

Übung:

Schreibe Dir die Dinge auf, die Dich wirklich bis in die Tiefe Deines Seins nähren. In welchen Situationen Deines Lebens fühltest Du Dich erfüllt und genährt, wo Du nichts anderes mehr gebraucht hättest?

Dann schreibe Dir Situationen auf, wo Du Deine wertvolle Lebenszeit verplempert hast oder Du Dir Deine Lebensenergie hast absaugen lassen, um z.B. ein guter Mensch zu sein.

Dann frage Dich: "Möchte ich das so beibehalten oder lieber etwas daran ändern?"

Wann willst Du es ändern? Schreibe Dir ein fixes Datum in Deinen Kalender mit der Aufgabe dies umzusetzen.

ANGEKOMMEN

Wir sind nun am Ende unserer gemeinsamen DramaLama-Reise angekommen. Ich hoffe, ich konnte Dir zu Erkenntnissen und Möglichkeiten verhelfen, den besagten Raum zwischen Dir als Beobachter*in und Deinem inneren DramaLama zu erfahren. Es lohnt sich, diese Beobachtungstechnik täglich zu praktizieren, bis Du diesen Raum erspüren und auch halten kannst. Von dort aus bist Du in der Lage zu entscheiden, wie und ob Du auf Deine aufsteigenden Emotionen reagieren möchtest.

Denke immer daran: Das, was Du heute denkst und fühlst, wird Dein Morgen sein. Es liegt also an Dir, das Feld für Dein Morgen zu verändern. Und je mehr Menschen diesen Weg der Selbstverantwortung gehen, desto mehr kann sich das Feld wie eine Welle ausdehnen und immer mehr Menschen auf eine neue, höhere Bewusstseinsebene mitnehmen, um aus der jetzigen Matrix – gespeist von Schuld-, Opfer- und Sklavenenergie auszusteigen.

Je mehr Menschen diesen Weg der Selbstverantwortung und des Sich-selbst-bewusst-Werdens gehen, desto verbundener, mitfühlender, achtsamer und wertschätzender sind sie mit sich selbst, mit anderen und der Welt.
Solch bewusste Menschen haben sich ihre Macht zurückgeholt. Sie lassen sich weniger vorschreiben, was irgendeiner Logik entbehrt.

Sie sind Gestalter*innen und Mitwirkende!

Wir beginnen dann, unser Leben so zu gestalten, dass es möglichst intensiv und lebendig ist, und unseren Herzenswünschen entspricht. Je mehr wir auf unsere innere Stimme und unseren inneren Rhythmus hören und ihnen folgen, desto mehr Vertrauen entwickeln wir, und desto mehr verlieren wir unsere Angst. Wir werden lebendiger, kreativer und spontaner.

Unsere Angst gegenüber autoritären Strukturen und Personen lässt nach. Und irgendwann ist der Zeitpunkt gekommen, an dem wir nur noch Achtung vor dem Sein haben, und uns wertschätzend vor allem Leben verneigen.

EMPFEHLUNG

Wissenschaftler haben herausgefunden, dass sich bisher nicht entladene Emotionen an Schwermetalle (wie z.B. Quecksilber), das sich gerne im Gehirn ablagert, binden und uns in unterschiedliche emotionale Zustände katapultieren können.

Da wir alle mittlerweile täglich unzähligen Giftstoffen und Schwermetallen aus unserer Umwelt (Nahrung/Atemluft/Trinkwasser) ausgesetzt sind, macht es Sinn sich täglich oder in regelmäßigen Kuren davon zu befreien. Die Auswirkungen sind phänomenal!

Meine Mutter (dement und 83Jahre) fing z.B. während einer solchen Ausleitung nach nur 2 Wochen plötzlich an, wieder ganze und klare Sätze zu sprechen, was vorher undenkbar gewesen wäre. (Um nur ein Beispiel zu erwähnen!)

Falls Dich dieses Thema ansprechen sollte, und Du gerne tiefere Informationen dazu hättest, schreibe mir gerne.

Ich empfinde es als wichtig, Menschen über dieses Thema zu informieren. Denn wenn wir uns um unsere innere Entgiftung kümmern (auch auf gedanklicher Ebene), dann wird der Geist klar und kann viel fokussierter in die Handlung gehen auch sein Umfeld zu entgiften.

HINWEISE

Zur Unterstützung Deiner Prozesse stehen Dir, bei Bedarf, meine Podcasts, Audio-Meditationen, Seminare, Workshops und Einzeltermine zur Verfügung. Alle Infos hierzu findest Du auf meiner Website:

www.nina-egermann.de

oder

www.mein-dramalama-und-ich.de

Schau gerne mal vorbei.

Stelle Dir folgende Fragen:
Wie sieht Deine Welt von morgen aus? Wie fühlt sie sich an? Wer bist Du in dieser neuen Welt? Und wie fühlst DU Dich an?

Falls Du Deine Erfahrungen und Erkenntnisse mit mir teilen möchtest, schreibe mir gerne per Mail:
mein-dramalama-und-ich@gmx.de
Ich freue mich darauf! ☺

In Zukunft wird es noch viele weitere Audio-Aufnahmen für innere Reisen, Meditationen, Podcasts und Videos zum DramaLama geben.

Abonniere dazu gerne meinen Newsletter über meine Website, damit Du nichts verpasst. Als Dankeschön erhältst Du die Möglichkeit, Dir kostenlos eine *No-More-Drama-*

Meditation herunterladen, um mit Deinen blockierten, aufsteigenden Emotionen zu arbeiten und Deine inneren Dramen selbst zu lösen. Viel Freude damit!

Ich wünsche Dir von Herzen, dass Du Dein inneres Leuchten strahlen lässt, nachdem Du Licht in Deinen dunklen Keller gebracht hast. Genieße und feiere Dich als die Person, die Du geworden bist und vor allem noch werden wirst!
In Achtung und Ehre Deiner Ahnen. Mach etwas Großes daraus!

Mit Herzensgrüßen,

Nina & Coco

DANKE

an alle wundervollen Menschen, die mir bei diesem Buch-Geburtsprozess zur Seite gestanden haben.

DANKE besonders an Mario, der mit großer Geduld meine dramatischen Ausbrüche ertragen musste, wenn mal wieder etwas nicht rund lief, der aber auch mein größter Inspirator und Unterstützer war, endlich den ersten Schritt zu tun, um dieses Buch zu schreiben.
Danke für Dein Sein und Deine Liebe!

DANKE an Nadja, die trotz ihrer engen Zeitfenster sich den Raum genommen hat mit einer Hingabe meine Texte zu korrigieren und teils mit passenderen Formulierungen auszustatten. Das war mir eine große Unterstützung.
Du hast meine volle Hochachtung und Wertschätzung.

DANKE an Mo (Moritz Altreuther), der als kreativer Grafiker Coco einen Körper geschenkt hat. Die Arbeit mit Dir hat mir sehr viel Freude bereitet.

DANKE an Oliver Muth, der mich als Grafik-Designer schon so lange begleitet und den schillernden Bucheinband kreiert hat. Das ist Dir super gelungen!

DANKE an Marcel, der mir seine wertvolle Zeit geschenkt hat, die erste Fassung meines Buches als Lektor zu begutachten. Deine Hinweise waren sehr bereichernd!

DANKE an alle anderen Menschen, die auf ihre Weise mich in meinem Schreiben inspiriert und /oder in der Buchentstehung beratend zur Seite gestanden haben.

Schön, dass es Euch gibt!

ÜBER DIE AUTORIN

Nina Egermann, geb 1973 lebt und arbeitet als selbstständige Heilpraktikerin, Mentorin, Podcasterin und Autorin im wunderschönen München.

Im Jahre 2000 eröffnete sie ihren Raum für Spiegelerkenntnis, mit den Fachbereichen: Schatten- und Bewusstseinsarbeit, bewusste Homöopathie, Energiemedizin, sowie Detox- und Vitalstoffberatung.

Durch ihre frühen Erfahrungen mit dem Tod und ihrer eigenen Leidensgeschichte wurde sie vom Leben über viele Lernstationen geführt, bis zu ihrem heutigen Wirken.

Dadurch haben sich ihre Spezialgebiete heraus kristallisiert: Ängste/Phobien/Panikattacken/Depressionen/Wahnideen/ Zwangsstörungen/Autismus/ADHS/ADS/Burn out/überreizte Nervensysteme/psychosomatische Störungen/Demenz u.v.m.

Sie hat sich darauf fokussiert den Menschen auf einer ganzheitlichen Ebene zu betrachten – körperlich, emotional und geistig – in Kombination mit den Erfahrungen aus der Kindheit, den vererbten Zellinformationen der Ahnen und dem sich aktuell spiegelnden Feld im Außen des Betroffenen. Alle Einzelteile ergeben ein Ganzes, das die wahre Geschichte erzählt, um was es in der vorliegenden Störung eigentlich geht. Durch den vorgehaltenen Spiegel erkennt der Betroffene seine manipulierenden Programme, und seine Synapsen können sich neu verschalten.